武汉军山 三国文化

WuHan JunShan   SanGuo WenHua

黄永林　张燕萍　王建军／主　编
汪　瑶　杨成云　盘　华／副主编

新出图证（鄂）字 10 号
图书在版编目（CIP）数据

武汉军山三国文化/黄永林，张燕萍，王建军主编；汪瑶，杨成云，盘华副主编. --武汉：华中师范大学出版社，2024.9. -- ISBN 978-7-5769-0631-8

Ⅰ. K296.31
中国国家版本馆 CIP 数据核字第 2024DS9718 号

武汉军山三国文化

主　　编　黄永林　张燕萍　王建军
副 主 编　汪　瑶　杨成云　盘　华

编 辑 室	学术出版分社
电　　话	027-67863220
责任编辑	张怀东
责任校对	王　胜
装帧设计	程卓夫　王　军
出版发行	华中师范大学出版社
社　　址	湖北省武汉市洪山区珞喻路 152 号
销售电话	027-67863426（发行部）
邮　　编	430079
网　　址	https://press.ccnu.edu.cn
印　　刷	湖北新华印务有限公司
督　印	刘　敏
开　　本	710mm×1000mm　1/16
印　　张	14.25
插　　页	2
字　　数	192 千字
版　　次	2024 年 10 月第 1 版
印　　次	2024 年 10 月第 1 次印刷
定　　价	88.00 元

敬告读者：欢迎举报盗版，请打举报电话 027-67867353

《武汉军山三国文化》编委会

顾　　　　问　刘守华　何祚欢　刘玉堂　姚伟钧
　　　　　　　涂文学
编委会主任　　黄永林
编委会副主任　张燕萍　王丰伟　谢长君　江楚才
编委会委员　　陈　襄　温庆丰　鲍丽君　江齐志
　　　　　　　王　军

主　　　　编　黄永林　张燕萍　王建军
副　主　编　　汪　瑶　杨成云　盘　华
参编成员（以姓氏笔画为序）
　　　习　涛　马振钊　王　信　王　俊　王宝君　王建军
　　　王豫丰　方建华　邓清源　朱传友　任　正　刘福华
　　　许　斌　李正华　李媛媛　杨成云　吴　莉　汪　瑶
　　　张长生　张欣怡　张恩荣　张燕萍　欧阳焘　郑　超
　　　胡小可　袁玉芳　高士林　郭子奇　黄永林　黄柳苍
　　　盘　华　程　杰　程秀莉　鞠赛男

俯瞰大军山

武汉经开区融媒体中心供图

序

黄永林

> 滚滚长江东逝水，浪花淘尽英雄。
> 是非成败转头空，青山依旧在，几度夕阳红。
> 白发渔樵江渚上，惯看秋月春风。
> 一壶浊酒喜相逢，古今多少事，都付笑谈中。

罗贯中的名著《三国演义》，以杨慎的《临江仙·滚滚长江东逝水》开篇；电视连续剧《三国演义》（央视1994年版，后同）又以其作为主题曲歌词，现在这首词和这首歌已传遍大江南北，长城内外，家喻户晓，妇孺皆知。我们每每读起这首词，听到这首歌，只觉得慷慨悲壮，荡气回肠，感慨万千，三国时代的历史风云和英雄人物再次浮现在我们的眼前。

滚滚长江东逝水，浪花淘尽英雄

三国时代，是我国历史上波澜壮阔、豪情激荡的时代，是一个英雄辈出、群星璀璨的时代，是历史造就英雄、英雄创造历史的时代，是一个从军阀混战到三国争雄的时代。陈寿的《三国志》以史官笔法记录下从天下大乱到三国鼎立的风云诡谲的历史；罗贯中的《三国演义》以文学笔墨描写出风云变幻、精彩纷呈历史中的风流人物；民间的三国传说则以民间立场讲述着老百姓心中三国的历史故事与英雄业绩。一部《三国志》、一部《三国演义》、一系列三国故事，就内容来说都是记录三国历史事件，描写三国历史人物，表达不同理想，歌颂心目中不同英雄的历史叙事过程；就本质来说，更是通过历史的回溯、人物的再现，展示中国传统文化中仁、义、礼、智、信、勇价值观念的过程。无论是正史《三国志》、古典名著《三国演义》，还是现代的电视连续剧《三国演义》以及民间的三国传说，虽然历史事件和历史人物已随长江东流远去，但智者孔明、仁者刘备、义者关羽、勇者张飞、忠者黄盖、厚者鲁肃、奸雄曹操等一个个鲜活的人物形象，却镌刻在一代又一代人们的心中，引导着人们不断自省，激励人们奋勇前行。三国历史事件是一条奔涌向前的文化长河，携带着中国传统文化的基因，不断在传承中发扬光大。

智谋天下的智慧性是三国文化的重要特征。史书《三国志》记载了大量的智谋之士安身立命、经邦济世的史实，小说《三国演义》也大量着墨于智慧谋略内容，民间流传的三国传说更是歌颂智勇双全的英雄。在三国故事里面，诸葛亮的智堪称一绝，成为智慧的化身，被誉为"智绝""智圣"。他的智慧无与伦比，他未卜先知，未出茅庐，即预判三分天下，运筹帷幄，决胜千里；火烧博望，火烧新野，乃是小试牛刀；舌战群儒，促成孙刘联盟，奠定三分基础；先占荆州后取蜀，汉中决战望长安；白帝受托孤重任，鞠躬尽瘁，死而后已。诸葛亮是三国文化中当之无愧的智谋代言人，他的存在，使整个三国故事变得更为精彩。除此之外，三国故事还描写了司马懿、周瑜、郭嘉、陆逊、贾诩、庞统、荀彧、程昱等一大批智慧人物。三国故事最有内涵、最能够让人回味无穷的地方，首先是其中智谋策略的对决。智慧是人类的本质特性之一，人类最高的智慧是指我们对自我和世界的深刻认知和洞察，以及对这些认知和洞察的应用，智慧是推动人类不断进步的重要力量。

仁、义、礼、智、信、勇价值观是三国文化的重要精神。三国故事是一条奔涌向前的文化长河，携带着中华优秀传统文化的基因，以人物为载体，形象地演绎了中国传统文化的基本精神，即仁、义、礼、智、信、勇等中国传统文化价值体系中的核心因素。刘备一生以匡扶汉室，造福百姓为己任，其制胜法宝就是仁。新野败退，为使百姓免遭涂炭，刘备竟然携民渡江；徐庶收到程昱假借徐母之名发来的书信，五内俱焚，刘备却不顾自己的大业放徐庶北上寻母；白帝城托孤，刘备临终告诉诸葛亮，阿斗能辅佐最好，不成便可取而代之……桩桩件件都是他仁心的写照。关羽义薄云天，是中国为人处世的楷模。桃园结义，他为兄弟出生入死、两肋插刀；为护两嫂周全，他不惜降曹，但身在曹营心在汉；斩颜良、诛文丑，解白马之围；为报曹操赠马之恩，华容放曹；挂印封金，过五关斩六将，只为寻找义兄；战长沙，礼尚往来，终于使黄忠归降……尽管曹操被视为奸雄，但他为了人才礼贤下士，也是世间佳话。为招降关羽，留住其心，曹操上马提襟，下马相迎，作为丞相，实为礼遇有加；官渡之战，面对袁绍大军压境，曹操无计可施，得知许攸来投，倒屣相迎；赤壁之战前，他在战船上高声歌唱"周公吐哺，天下归心"，表达欲将天下名士招至麾下、结束混乱的愿望。"智圣"诸葛亮已经成为智慧的象征，前文已有详细叙述，此处不再赘述。赵子龙浑身是胆，一诺千金，为报刘备知遇之恩，承诺寻回幼主，于当阳长坂坡，怀抱阿斗，七进七出，杀得曹军人仰马翻；汉水之战，只身吓退曹军，救回老将黄忠；七十高龄，随丞相南下擒蛮王，北上斩五将；一生信守承诺，为蜀汉尽忠。勇的代表有孙坚，冲锋陷阵，一马当先；张飞，勇冠三军，于万千军中取上将首级；还有赵云，在万千军中如入无人之境。仁、义、礼、智、信、勇这些价值观不仅塑造了中国传统社会的道德楷模，也成了现代社会道德和行为准则的重要文化根基。

是非成败转头空，青山依旧在，几度夕阳红

历史的烟云散尽，晴空如洗，大地依旧安宁祥和，任岁月之河奔腾流淌，但由历史所沉淀的文化仍不断传承，更需发展。武汉经济技术开发区所在的军山新区，与三国历史有着深厚的文化渊源，三国历史人物和事件在这里留下了诸多难以磨灭的印记。据初步考证，这里是三国赤壁古战场的核心区域。历史上以少胜多、以弱胜强的经典战争——赤壁之战，其发生地点后世虽存在争议，但无论是汉川说、黄州说还是蒲圻说，都在武汉周边一带。也有学者认为孙刘联军的驻地就在今武汉市江夏区和汉阳区境内，曹军则在长江以北，上起乌林下至大军山，而真正的赤壁在古沙羡县，赤壁战场在武昌赤矶山。在武汉经济技术开发区的大军山、小军山、设法山、砝山、诸葛城等地都留存着大量的三国历史遗迹，流传着丰富的三国风物传说，如相传诸葛亮曾在设法山观天象、借东风，在大军山、小军山设空城计败曹，在棋盘岭与刘备下棋，在观阵岭与周瑜观魏军阵等。纱帽山、尸骨墩、顿枪湖等地，留下了一堆堆三国将士的白骨和一个个战士的英魂。在军山三国传说中有许多对赤壁之战各路英雄智谋十分生动的描写，如周瑜的反间计、黄盖的苦肉计、庞统的连环计、诸葛亮的舌战群儒和草船借箭，环环相扣，精彩纷呈，这些都说明智慧和谋略文化在三国时期军山地区的历史舞台上得到了充分的演绎。无论是历史真实的记载，还是传说虚构的故事，都被赋予了浓厚的三国文化色彩。三国历史人物离我们渐行渐远，但是通过历史遗迹、文献记载、文艺创作和民间传说，他们在我们心目中的形象却越来越明晰，这不仅仅是因为三国故事一代代地传承、演绎，更在于这些历史人物的精神品质为后人所传承弘扬。

问渠那得清如许？为有源头活水来

一部三国历史，记录众多千古风流人物；一种三国文化，传承五千年中华文明基因。习近平总书记指出："文物和文化遗产承载着中华民族的基因和血脉，是不可再生、不可替代的中华优秀文明资源。要让更多文物和文化遗产活起来，营造传承中华文明的浓厚社会氛围。要积极推进文物保护利用和文化遗产保护传承，挖掘文物和文化遗产的多重价值，传播更多承载中华文化、中国精神的价值符号和文化产品。"① 今天，当我们重读三国历史，重温三国故事，重新思考三国文化价值的时候，我们深深地感到，历史的苦难辉煌是现实的源头活水。黑格尔说："历史是一堆灰烬，但灰烬深处有余温。"历史的辉煌会随着时间的流逝，湮灭于历史的长河里，但当它的余温流入时光的长河里，却又成为滋润我们面向未来发展的养分。唯有不忘过去、不忘初心，我们才能砥砺前行、发展进步。

党的十八大以来，习近平总书记将推动中华优秀传统文化创造性转化和创新性发展摆在突出位置，致力于推动中华优秀传统文化传承发展、焕发新生。武汉经济技术开发区拥有文化意蕴丰富、影响深远的三国文化资源，当今，有必要进一步搜集梳理历史文献，并结合文物考古资料以及民间故事进行分析，提炼武汉经济技术开发区三国历史文化的内涵和精神脉络，寻找三国传统文化与时代精神、现代价值之间的契合点，把握三国文化精髓，对三国文化进行解读阐释、重述重构，让三国文化资源在现代获得新生。2023年，武汉经济技术开发区委托华中师范大学国家文化产业研究中心开展武汉军山三国文化研

---

① 新华社：《习近平主持中共中央政治局第三十九次集体学习并发表重要讲话》，中国政府网，2022年5月28日，https://www.gov.cn/xinwen/2022-05/28/content_5692807.htm。

究，这本《武汉军山三国文化》就是这一研究的重要成果。本书系统梳理了军山地区三国文化遗迹、方志诗文，广泛收集了军山地区流传的三国故事，为武汉经济技术开发区三国文化的创造性转化和创新性发展奠定了坚实的基础，对武汉经济技术开发区经济、文化和社会发展具有重要的推动意义。

  随着武汉经济技术开发区的发展，这片历史悠久的沉睡土地已经苏醒，正在崛起。2021年8月，武汉经济技术开发区区委八届十一次全会审议通过《关于加快建设经开新区军山新城 打造中国车谷高质量发展新引擎的实施意见》，吹响了"借东风、定军山，二次创业再出发"的集结号。现在武汉经济技术开发区人正在深入贯彻落实五大发展理念，高举"开发""开放"两面旗帜，走在创新发展前列，凝聚思想共识、汇聚发展合力，激活内生动力，带动城乡发展、全域发展，谱写"二次创业"新篇。武汉军山三国文化是一篇"锦绣大文章"，如今的车谷，也正在书写"二次创业"的"锦绣大文章"。武汉军山三国文化为武汉经济技术开发区建设夯实了历史文化根基，军山新城打造"双智之城"，与三国文化中的智慧文化不谋而合。以"智慧文化"为主题，提升军山新城的历史文化魅力和影响力，必将吸引更多"聪明的人"到武汉经济技术开发区、军山新城造"聪明的车"，建"聪明的城"。往事越千年，昔日孔明"借东风、定军山"，碧水青山犹在，如今的军山，重新找回历史定位，军山新城建设将掀开新的时代篇章，武汉经济技术开发区将迎来更加美好的明天！

（黄永林，华中师范大学原副校长、国家文化产业研究中心主任、文化和旅游部文化和旅游研究基地首席专家。）

目录

上编 历史溯源

从汉阳人到经开区 ································· 3
  一、亿年前的汉阳鱼 ································· 3
  二、万年前的汉阳人和武汉聚落文化 ················· 5
  三、三千五百年前的武汉城市文明 ··················· 7
  四、两千多年汉阳城历史 ··························· 10
  五、八百年黄陵古镇变迁 ··························· 16
  六、三十年经开区发展史 ··························· 20

从却月城到武汉三镇 ································· 26
  一、春秋战国时期的汉江与夏口楚国军事要地 ········· 26
  二、两汉三国时期的却月城、鲁山城和夏口城 ········· 28
  三、唐宋元时期武汉的繁荣兴旺 ····················· 39
  四、明清时期武汉三镇鼎立 ························· 42
  五、现代武汉城市变迁 ····························· 45

从赤壁之战到赤壁古战场 ····························· 49
  一、赤壁之战的历史记载 ··························· 50
  二、武汉经开区与赤壁古战场 ······················· 57

从三国古战场到军山三国文化遗迹 ····················· 71
  一、大军山、小军山 ······························· 71
  二、设法山 ······································· 77
  三、诸葛城 ······································· 78
  四、纱帽山 ······································· 80

从《三国演义》到军山三国故事 ················· 86
  一、从《三国志》到《三国演义》 ················· 86
  二、湖北三国故事 ················· 93
  三、军山三国故事 ················· 97
从三国文化到军山三国文化的开发利用 ················· 105
  一、三国文化的内涵与开发原则 ················· 105
  二、军山三国文化资源的开发利用 ················· 110
  三、军山三国文化的经济社会价值利用 ················· 114

中编　故事选粹

诸葛城 ················· 121
  异文1：诸葛城 ················· 123
  异文2：诸葛城 ················· 124

大军山和小军山 ················· 126
  异文：大军山和小军山 ················· 127

大军山之战 ················· 129

大军山武侯庙 ················· 131

纱帽山 ················· 132

棋盘岭 ················· 134
  异文1：棋盘岭 ················· 136
  异文2：棋盘岭 ················· 138

尸骨墩 ················· 140
  异文：尸骨墩 ················· 142

设法山 ················· 144
  异文1：设法山 ················· 146
  异文2：设法山 ················· 148
  异文3：设法山为何又叫涉跛山 ················· 149

砵山 ················· 151

异文：硃山 ·············· 153
观阵岭 ·············· 154
　　异文：观阵岭 ·············· 156
顿枪湖之战 ·············· 158
擂鼓墩与祭风台 ·············· 161
龙克山 ·············· 164
　　异文：龙灵山 ·············· 165
黄石畈 ·············· 167
新天铺 ·············· 169
梅子洞 ·············· 171
官桥 ·············· 173
马城桥 ·············· 175
捉马山 ·············· 177
鲁肃点将台 ·············· 179
观尸墩和养马洲 ·············· 181
曹庄村 ·············· 183
　　异文：曹庄墩 ·············· 184
赵子矶 ·············· 186
鲁公山 ·············· 187
黄陵的腌鱼、鱼圆子的由来 ·············· 188

下编　资料辑录

"借东风、定军山"和赤壁之战有没有关联？专家实地考察后
　给出了说法 ·············· 191
　军山与三国，不仅仅有民间传说 ·············· 191
　专家建议：开展文物普查和专题研究，丰富三国历史文化
　　内涵 ·············· 193
赤壁之战与武汉军山有关？知名专家：是战场之一！ ·············· 195

从"东风大道时代"走向"沿江发展时代"　武汉军山新城
　　"破圈生长" ………………………………………………… 198
　　从陌生到热爱　极具历史底蕴的"魅力军山" ………… 198
　　从书本到货架　创新要素加速聚集的"科创军山" …… 199
　　从承载到示范　智慧城市与智能汽车联动发展的
　　　　"双智军山" …………………………………………… 201
　　从开发到开放　外籍人士密集的"国际军山" ………… 202

附录　《古镇传奇——军山街民间故事传说集》序/刘守华 ……… 204
主要参考文献 ………………………………………………………… 208
后记 …………………………………………………………………… 210

上编

历史溯源

从汉阳人到经开区

万里长江奔流不息，出洞庭，过岳阳，流进武汉的第一站——武汉经济技术开发区。武汉经济技术开发区位于长江中游的江汉平原东北端、武汉西南端、长江左岸，域内长江岸线72公里，占长江武汉段岸线长度的1/4。长江、通顺河、硃山湖三条水系交互贯通，大军山、小军山、硃山、龙灵山、凤凰山、设法山绵延起伏，山水相连。1991年5月动工兴建，1993年4月经国务院批准为国家级经济技术开发区，2000年4月经国务院批准在开发区设立湖北武汉出口加工区。2013年12月，武汉市委、市政府决定由武汉经济技术开发区整体托管汉南区，实施一体化发展。大军山壁立长江左岸，海拔197.3米，为武汉经济技术开发区制高点。军山街因其而名，面积约102平方公里。大军山与南岸的江夏槐山隔江对峙，形同锁钥，异常险要，是长江中游的天然门户之一，是军事上、交通上重要的战略位置，为历代兵家必争之地。特别是三国时期，大军山、小军山、设法山等地曾是重要的古战场，也是决定全局的战略要地。这里曾上演过一幕幕古代军事史话，现存有诸葛城、擂鼓墩、祭风台等三国文化遗址，留下了许多传奇动人的三国故事，积淀了十分深厚的三国文化，是湖北文化一张亮丽的名片。

一、亿年前的汉阳鱼

武汉经济技术开发区地处古汉阳境内，汉阳是江汉地区人类文明的发祥地之一。考古发掘表明，古汉阳境域曾属于古扬子海和古云梦泽，人们在这里发现了距今4.35亿年前志留纪时期的汉阳鱼化石及距今 3.55 亿年前泥盆纪的植物化石。

人们常用"沧海桑田"形容世事变化巨大，在 4.38 亿年前的志留纪早期，以中国长江流域为主的华南板块曾是一片广阔的海洋，被称为扬子海。古汉阳地区属古扬子海地槽凹陷的一小部分，在距今 5.45 亿—2.5 亿年前的古生代时期，这片古海中生长着一种没有下巴的鱼。在汉阳锅顶山出土的汉阳鱼古生物化石，就是远古汉阳地质巨变的最好见证。2009 年 11 月，中国地质大学（武汉）古生物与地层学专业在读研究生纵瑞文，在汉阳锅顶山采集到一块几乎完整的汉阳鱼化石。研究表明，汉阳鱼化石是距今约 4.35 亿年前的盔甲鱼类，其特征为甲胄略呈半圆形，横宽，宽与长之比约为 2.6∶1；眼孔较大，圆形，直径约 6 厘米；眶孔洞穿眶十鳃片的前部，口孔较大，前腹位，鳃孔很大。因其发现于汉阳锅顶山，故被命名为汉阳鱼，是湖北目前发现的最古老的鱼类化石。2020 年 4 月，在武汉豹澥街黄金堂附近一处裸露的地层中，人们发现了距今约 4.35 亿年前志留纪早期的江夏鱼化石。同年，在洪山区古姆山发现了距

汉阳鱼头部化石（局部）

来源：湖北省地质科学院

今约 4.37 亿年前的洪山鱼化石，在汉阳鱼的历史上又往前推了 200 万年。盔甲鱼类是我国志留纪浅水海相红层中的常见种类，其坚硬的膜质骨头甲比较容易成为化石。在生命演化史中，泥盆纪常被称为"鱼类时代"，而全球志留纪鱼类化石的连续发现，将"鱼类时代"从泥

盆纪推前至志留纪①。

汉阳锅顶山的山体岩层是由志留纪与泥盆纪时代的沉积岩组成的,当时一些简单的植物已向陆地迁徙,甚至有些植物已经进化出粗壮的躯干,锅顶山密集的化石群很好地保存了这些痕迹。此外,研究

汉阳鱼复原图(杨定华绘)
来源:湖北省地质科学院

者们还在汉阳锅顶山发现过中华棘鱼、鳞木以及动物遗迹等化石。曾经的汉阳锅顶山不仅有丰富的志留纪鱼类化石,还有泥盆纪植物化石,这些发现清晰印证,在地质演化史中,古汉阳地区曾是一片浅海。大约4亿年前,汉阳地区属于海洋富饶的地段。在约4亿年间,远古汉阳经历了4次海陆变迁,不断发现的古生物化石表明,汉阳鱼约在距今2亿年前随海水退去而消失。距今数百万年前,长江切穿三峡,流经江汉平原。在长江和汉江的不断演化及共同作用下,古云梦泽最终形成诸多江河湖泊。

二、万年前的汉阳人和武汉聚落文化

武汉经济技术开发区所在地汉阳军山街的历史最早可追溯至距今5万年前的旧石器时代,古汉阳人在军山附近区域的活动,证明军山

---

① 康旭阳:《4亿年前的古生物化石,武汉这些地方有!》,极目新闻,2022年4月26日,https://baijiahao.baidu.com/s?id=17311793276733877002&wfr=spider&for=pc。

有悠久的人类活动史。

在距今 5 万—1 万年前的更新世末期,在滚滚长江和滔滔汉水之畔的汉阳境内就有古人类活动,这就是汉阳人,他们在这块土地上生息繁衍,由蒙昧走向文明。纱帽山地处武汉经济技术开发区东北部的长江岸边,东经 114°1′、北纬 30°16′。1997 年 1 月上旬,汉南区环保局工作人员毛凑元在长江边纱帽山的沙滩上拾到一块异石,经湖北省考古研究所专家鉴定,这是一块古人类头骨化石。1997 年 4 月 10 日,湖北省博物馆将头骨化石标本送往北京,请有关专家做进一步鉴定。中国科学院古人类研究权威专家对标本甄别鉴定后,一致认为纱帽山遗址头骨化石确实有一定的原始性,可能处于晚期智人比较早的阶段,与北京山顶洞人和四川资阳人时代相当。1997 年 7 月 14 日,新华社以《湖北省首次发现更新世晚期古人类头骨化石》为题,播发了一则采自武汉的考古新闻,文称:"今年年初于武汉市汉南纱帽镇发现的古人类头骨化石,经初步研究,确认所处年代为距今 5 万—1 万年前的更新世晚期,属晚期智人类型,是湖北省首次发现的这一时期人类头骨化石。"纱帽山原属汉阳县管辖,遵循因地命名的原则,在征询北京等地专家的意见后,湖北省考古研究所将在纱帽山遗址附近发现的古人类头盖骨化石命名为汉阳人头盖骨化石。汉阳人头盖骨化石的发现,说明在距今 5 万—1 万年前的旧石器时代这里就有人类繁衍生息,填补了湖北古人类学研究领域的空白,把江汉平原地区的人类演化史往前追溯了至少 1 万年,也开启了考古界对旧石器时代人类在平原居住、生活研究的新篇章。

汉阳人化石　　来源:武汉经开区文化馆

三、三千五百年前的武汉城市文明

广袤无垠的两湖平原地处长江中游，包括江汉平原和洞庭湖平原，面积约5万平方公里，海拔大多在50米以下，由长江及其支流冲积而成，又称云梦平原。江汉平原很大一部分地区古时为云梦泽，这里水网纵横、湖泊密布，气候温暖，雨量充沛，林木茂盛、花草丛生，适宜多种生物繁衍和栖息，是远古人类得天独厚的生长摇篮。在滚滚长江和滔滔汉水之畔，早期的汉阳人先是以采摘山上的野果、树叶为食。这个时期，他们以母系血缘为纽带群居。发展到后来，他们利用石头作为武器猎取一些野兔野猪，用茅草编织成绳索套绊和挖陷阱捕获猎物，逐渐由母系社会演变为父系社会。随着以石头、树枝制成的捕猎工具的使用，敏捷的汉阳人由在山林中取食很快发展到在河里捕捉鱼虾，粗糙简单的工具逐渐发展为越来越精细的石叉、草网、木剑等。

据考古发掘和古籍记载，远在5000余年前，就已有先民在今武汉地区生息繁衍。东湖放鹰台遗址即属距今6000—5000年前的屈家岭文化类型。距今6000—4000年前的新石器时代，以"三苗"氏族为主体的"苗蛮集团"星布于澴水干支流域，历经大溪文化时期、屈家岭文化时期和石家河文化时期的更迭与积累，张西湾城址成为新石器时代晚期中型城址聚落的代表。黄陂张西湾城址兴建于石家河文化早期，为武汉市迄今发现的最早城址，已经有青铜块、玉器、祭祀遗迹和类似于文字的刻画符号，表明其已经进入文明时代。

武汉经济技术开发区所在区域属古云梦泽。武汉市考古研究所通过考古发掘，在沌口、龙灵山等地发现了从新石器时代到商周以至战国时期的文化遗存，出土了石器、陶器和青铜器等珍贵文物。1964年8月，湖北省考古工作者在纱帽山发现的面积约4000平方米、文化层1—3米古代遗址，被鉴定为商周文化遗址。1965年，在纱帽山及其周围出土了一件商朝的青铜尊及大量的石器、陶器、铜器、兽骨等文物。出土的石器有商周时期的石凿、石锛,陶器有商周时期的陶耳坠、陶纺轮、陶鬲、陶豆以及西周的板瓦、唐代的莲花纹砖,铜器有商周时期的铜斧、铜矛、铜箭镞、铜螭纹器,兽骨有商周时期的鹿骨、狮骨等。其中,商代晚期青铜重器天兽御尊为国家一级文物,被湖北省博物馆收藏,曾多次出国展览。天兽御尊的出土,反映了早在商周时期这里便已是著名的青铜器铸造基地。1983年,纱帽山被列为武汉市文物保护单位。20世纪90年代初,武汉市考古研究所又在纱帽山挖掘出了大量商周时期的陶瓷、陶片、石斧、箭镞、铜器等。

纱帽山出土天兽御尊
来源:武汉经开区融媒体中心

1954年,在今湖北省武汉市黄陂区发现了盘龙城遗址,证明武汉地区城邑文明的帷幕开启于遥远的殷商时期。这是一座商代古城遗址,内城总面积约75400平方米,城址南北长290米,东西宽260米,周长1100米,包括宫殿区、居民区、墓葬区和手工业作坊区几部分,出土了数百件青铜器、陶器、玉器、石器和骨器等文物。据考证,盘龙城遗址城垣始建于二里岗文化早期晚段,最晚可至殷商文化中期,距今3500—3200年。盘龙城遗址的考古发现,说明不仅二里头和二里岗等中原文化在南方大范围地渗透,而且夏商王朝的政治版图也到达了长江流域,揭示了夏商文化在长江流域的传播与分布,为研究长江流域与黄河流域古代的政治、经济、文化交流提供了宝贵的实物资料。

这座被后人以"盘龙"命名的商代城邑,虽然没有在史籍中留下文字记载,但它掩蔽于千年尘埃下的厚重历史锦袍终被揭开,它是长江流域发现的夏商时期规模较大、出土遗存较为丰富的城邑遗址,映射出黄河文明与长江文明在夏商时期相互交融的景象。盘龙城遗址作为长江文明的重要代表,是中华文明多元一体文化的重要组成部分。盘龙城在当时不仅是一个地域性的政治与军事中心,而且是一个南方与北方的经济和文化交汇中心。

盘龙城国家考古遗址公园
来源:武汉市文化和旅游局

许多证据表明,盘龙城是前16—前13世纪时期中原文化向南扩张过程中,在长江流域地区形成的中心城市,是当时商王朝在南方的管理中枢、军事据点和巡守南土的行都,是商王朝控制南方的战略资源的中转站。其城墙外陡内缓,易守难攻,军事目的较为明显,后来不断发展,成为商王朝在南方的军事、政治中心,对于武汉城市的孕育与发展产生了重大的影响。可以认为,盘龙城是武汉地区迄今发现的最早的建城痕迹,是迄今中国极少数已发现并保存完整的商朝古城遗址之一,是武汉城市文明的源头,是武汉城市发展的初始之地,被誉为"武汉城市之根",也是目前武汉拥有着比北京、西安等城市更为悠久的建城历史的考古依据。

盘龙城位于武汉府㵲河北岸的今黄陂区,与历史上的汉阳县隔河相望,但府㵲河在历史上不断北移,导致今黄陂区的后湖与原汉口北面的后湖连成一体。因此,古盘龙城似应也属历史上汉阳的管辖范围。如此,则古汉阳应是武汉城市文明的发祥地①。

---

① 刘盛佳:《商都武汉》,武汉:华中师范大学出版社,2012年版,第115页。

四、两千多年汉阳城历史

远古时期，汉阳属荆州之地，为江汉地区主体民族"三苗"的故乡。在古代典籍中常常与"南蛮"相伴提起的往往是楚国和楚人，而荆蛮、楚蛮均属于"三苗"，指的是那些擅长传统水稻耕作的部族，又称"有苗氏"。因此活跃在长江流域中下游一带的"中部民族"可看作"苗蛮集团"。相传，大禹治水疏江导汉，曾驻足大别山（今武汉龟山，后同），原住民"三苗"部族被大禹征服。我国最早史书《尚书·禹贡》中的"江、汉朝宗于海，九江孔殷，沱、潜既道，云土梦作乂"①，"导嶓冢，至于荆山，内方，至于大别"②，"嶓冢导漾，东流为汉……至于大别；南入于江"③，"东迆北会于汇"④ 等皆指今汉阳一带。《诗经》中的《沔水》《汉广》《江汉》《江有汜》四篇，主要是写汉阳；《定之方中》《四月》《楚茨》《常武》四篇提到武汉的地方，无不指汉阳。两周时期，汉阳境域先属郧国，后入楚国。《汉书·地理志》谓："今之南郡、江夏、零陵、桂阳、武陵、长沙及汉中、汝南郡，尽楚分也。"⑤

春秋时期，战事频繁，楚国占据江汉一带，充分利用濒临长江、汉水并依托龟山为屏障的地理优势，发展水军势力，抗衡其他诸侯国，汉阳成为春秋战国时期的重要战场。《左传·昭公四年》记载："冬，吴伐楚，入棘、栎、麻，以报朱方之役。楚沈尹射奔命于夏汭。"⑥ 朱方之役，是昭公四年（前538年）秋十月吴国与楚国在今镇

---

① 王世舜、王翠叶译注：《尚书》，北京：中华书局，2012年版，第68页。
② 王世舜、王翠叶译注：《尚书》，北京：中华书局，2012年版，第79页。
③ 王世舜、王翠叶译注：《尚书》，北京：中华书局，2012年版，第82页。
④ 王世舜、王翠叶译注：《尚书》，北京：中华书局，2012年版，第83页。
⑤ 班固：《汉书》，北京：中华书局，1962年版，第1665页。
⑥ 杨伯峻：《春秋左传注》，北京：中华书局，2018年版，第1089页。

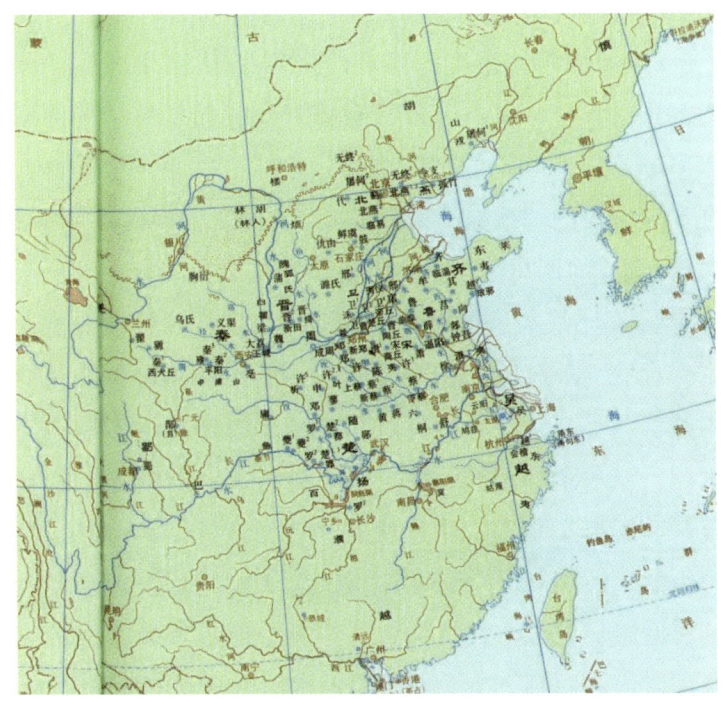

春秋时期诸侯国　来源：谭其骧《中国历史地图集》

江一带发生的一场战事，楚灵王率领诸侯打败了吴国。为了报仇，吴国于数月后集聚兵力，一举攻占了楚国占据的棘（今河南省永城市南）、栎（今河南省新蔡县北）、麻（今安徽省砀山县东北）等地。楚国大将沈尹射率大军从夏汭出发增援。鲁昭公五年（前537年）冬十月，楚灵王为报棘、栎、麻失地之仇，会合诸侯及东夷的军队大举进攻吴国，楚大将薳射"以繁扬之师，会于夏汭"①。这里所说的夏汭，按魏晋时期经学家杜预的注解，为"汉水曲入江，今夏口也"②，也就是今天的汉阳一带。北魏郦道元、唐代杜佑等均沿袭此说。定公四年（前536年）冬，蔡昭侯、吴王阖庐、唐成公联合攻打楚国，"舍舟于淮汭，自豫章与楚夹汉……（楚令尹子常）乃济汉而陈，自小别至于大别"③。

---

① 杜预：《春秋左传集解》，上海：上海人民出版社，1977年版，第1271页。
② 杜预：《春秋左传集解》，上海：上海人民出版社，1977年版，第1249页。
③ 杨伯峻：《春秋左传注》，北京：中华书局，2018年版，第1348页。

清人胡渭《禹贡锥指》认为："小别一名甑山，在汉川县东南十里"，"大别山在汉阳府城东北半里，汉水西岸"①。从这几次战役可以了解到，当时汉阳沿长江、汉水一带已有相当规模船舶集结的港湾，汉阳是楚国水军的重要据点，楚军几次发兵，都是以此作为基地。至于屈原在《九章》中写的"乘鄂渚而反顾兮""过夏首而西浮兮""遵江夏以娱忧""背夏浦而西思兮"等所涉地名都指的是古汉阳。

2005年，在武汉经济技术开发区汉阳沌口石岭村发现了6座长方形且椁室保存完整的楚国墓葬，经过发掘清理，出土了青铜器、陶器、漆木器等各类文物200多件，其中漆木竹器有漆木凤鸟、漆木虎座、漆木梳、漆木伞柄及箭、箙、鼓、柲、笥、剑鞘等。尤以漆木彩绘镇墓兽（武汉市文物考古研究所藏）造型奇特，其由实心木方底座和镇墓兽组成，通高60厘米、座边宽30厘米、座厚20厘米。镇墓兽面部雕刻有圆眼、獠牙，长长的舌头棱角分明，宽大微翘，通过颈部一直下垂于胸口；曲颈方身，身下有凸棱，立于雕琢而成的梯形方座上；方座四面雕刻出一些几何形方块，并饰以各种纹饰，色彩明丽而生动。其外形抽象夸张，造型恐怖怪诞，构思奇特诡谲，具有强烈的神秘意味和巫术神话色彩。整件器物保存完整，气势雄奇，狰狞恐怖，沉寂凝重；雕塑线条简洁流畅，髹漆用色搭配和谐，红黑鲜明，鲜艳透亮，展示了战国时期高超的手工艺水平。

秦灭楚后，汉阳境域属南郡。西汉高帝元年（前206年）属荆州江夏郡沙羡县。东汉光武帝建武元年（25年），在下汊首置沌阳县，为武汉三镇最早的县级独立建制。下汊，即今沌水之滨的蒲潭，在黄陵矶上游2.5公里处，硃山南侧。汉献帝建安元年（196年），刘表部将黄祖在龟山北麓筑却月城（偃月垒），后来被孙权击破。建安十三年（208年），刘表之子刘琦继任江夏太守，又在龟山南麓筑江夏城（后称鲁山城、汉阳城），为武汉市中心城区最早的城堡。建安二十四

---

① 胡渭：《禹贡锥指》，上海：上海古籍出版社，1996年版，第374页。

年（213年）后属魏江夏郡石阳县，魏黄初二年（221年）后属郢州江夏郡石阳县，西晋太康元年（280年）后属荆州江夏郡曲阳县。晋惠帝永兴二年（305年），演变为曲陵，县治设在黄陵矶北面的楮山南侧。晋怀帝永嘉元年（307年）始迁徙沌阳县治于临嶂山下，遂成乡集。今人将楮山改写作砾山。《晋书》载："（王敦）表拜（陶）侃为使持节、宁远将军、南蛮校尉、荆州刺史，领西阳、江夏、武昌，镇于沌口。"① 其中所言即指此地。宋、齐、梁时期仍为荆州所治，后周于此置复州。南朝宋孝武帝孝建元年（454年），属郢州江夏郡沌阳县。关于汉阳城的功能和性质可以从《资治通鉴》中的记录窥见一斑：齐和帝萧宝融中兴元年（501年），梁武帝萧衍自襄阳举兵，向鲁山、郢城，说道："吾自围鲁山，以通汉沔。"他又说："汉口路通荆、雍，控引秦、梁，粮运资储，仰此气息；所以兵压汉口，连结数州，今若并军围郢，又分兵前行，鲁山必沮沔路，搤吾咽喉。"② 后来他终于平定了鲁山、郢城。可见汉阳城战略地位极为重要。

　　隋代战乱平息后，开始改革全国的行政建制。隋文帝开皇元年（581年），在长江北设置沔阳郡，境域属郢州沔阳郡沌阳县。开皇九年（589年），改郢州为鄂州，州治设在江夏县。鄂州之下辖江夏、武昌、永兴（今阳新）、蒲圻四县。在长江以北，隋朝设沔州，在沔州下置汉津县。开皇十七年（597年），改沌阳县为汉津县，县治迁至鲁山（古时龟山、凤凰山统称鲁山）。隋炀帝大业二年（606年），因该地位于鲁山之南，汉水（古汉水改道前）之北，依山南水北为阳之意，改汉津县为汉阳县，从这时起，汉阳这一地名开始出现在我国历史文献的记载之中，而汉阳县制的确立，则历经了1300多年。

　　唐高祖武德四年（621年），在鲁山城设置沔州（汉阳郡），沔州下辖汉阳县、汉川县（后改为汉川县），在地处中原水陆要冲的今武汉

---

① 房玄龄等：《晋书》，北京：中华书局，1974年版，第1770页。
② 司马光：《资治通鉴》，北京：中华书局，1956年版，第4489页。

周边地区设鄂州和沔州，初步确立武昌、汉阳双城并立的城市建制。沔州州治设在汉阳县，并将汉阳县以及沔州的行政机构都一起从蔡甸的临嶂山下迁到龟山南麓的凤凰山下。唐太宗贞观元年（627年），境域属淮南道沔州汉阳县。唐玄宗天宝二年（743年），属江南西道汉阳县。唐肃宗乾元元年（758年），属沔州汉阳县。唐昭宗天复二年（902年），属武清军汉阳县。唐代诗人罗隐《忆夏口》诗写道："汉阳渡口兰为舟，汉阳城下多酒楼。当年不得尽一醉，别梦有时还重游。"宋代诗人胡寅在《登南纪楼》诗中也写道："西望巫峡峰，东望洞庭湖。南望大江横，北望楚王墟。平时十万户，鸳瓦百贾区。夜半车击毂，差鳞衔舳舻。"由此可见汉阳历史上的繁华与兴旺。后唐明宗天成二年（927年），改汉阳郡为武清军，隶属鄂州，境域属鄂州武清军汉阳县。后周太祖显德四年（957年），属汉阳军汉阳县。宋太宗淳化四年（993年），属荆湖北路汉阳县。

宋哲宗元祐八年（1093年）由于刘公洲的涌起，汉阳东滨长江，西依夹河，内布湖泊，形成优良的港口，商船来泊，大有后来居上之势。武昌南市因鹦鹉洲崩塌加剧，在与汉阳南市的竞争中虽然受到极大的威胁，但因有白沙洲、金沙洲和新淤洲的先后出现，这样就形成长江双港，皆具无与伦比的实力，冠盖全江。宋代设汉阳军及所属汉阳县。元世祖至元十一年（1274年），境域属湖北宣慰使汉阳军汉阳县。至元十四年（1277年），改汉阳军为汉阳府，境域属汉阳府汉阳县。明洪武元年（1368年），属湖广布政司汉阳府汉阳县。洪武九年（1376年），撤汉阳府，降为州，汉阳州属武昌府。洪武十三年（1380年），废州，复设汉阳府。明嘉靖年间，汉阳南市因港口的消失而湮灭。清末汉阳府下辖汉阳县、汉川县、黄陂县、孝感县、沔阳州、夏口厅。清宣统三年（1911年），废汉阳府，属江汉道汉阳县。

民国初年，废汉阳府，汉阳县属湖北省江汉道。不久，废江汉道，境域属湖北省汉阳县。民国十六年（1927年），将汉阳县城区（今汉阳区部分地域）与由夏口厅所改的汉口市和由江夏县所改的武昌市合并成立武汉市，作为国民政府的京兆区（首都）。民国十九年（1930年）4月，汉阳城区回归汉阳县。民国二十一年（1932年），废道，属湖北省第一行政督察区蒲圻专员公署汉阳县。

1949年5月17日，汉阳县解放，境域属沔阳专区汉阳县。1951年，属孝感专区汉阳县第五区、第六区。1954年，第五区与第六区合并，建立新滩区。1956年，新滩区改称邓南区，仍属孝感专区汉阳县。1957年，析邓南区建立东城垸农场管理处，下辖东荆农场和南丰农场，直隶湖北省农垦局孝感专区。1958年9月，邓南区改称卫星公社，属孝感专区汉阳县。10月，东荆农场、南丰农场合并，成立东城垸农场。后东城垸农场、卫星公社合并，设立东南公社，属孝感专区汉阳县。1959年，撤销东南公社，设立东城垸农场，直隶湖北省农垦局孝感专区。设立邓南公社，属孝感专区汉阳县。1961年4月，撤销邓南公社，恢复区级建制，改称邓南区。1966年，析邓南区置汉南农场，属东西湖农场管理局。1972年，东城垸农场移交武汉军区湖北生产建设兵团。1973年，兵团移交湖北省农垦局，邓南区和汉南农场仍分别隶属孝感专区汉阳县和东西湖农场管理局。1975年，邓南区改称邓南公社，邓南公社改属武汉市汉阳县。1976年4月，东城垸农场属武汉市，5月改属东西湖农场管理局。1977年，东城垸农场改属武汉市汉阳县，汉南农场仍属东西湖农场管理局。1978年，东城垸农场、汉南农场合并，成立汉南农场管理局，直隶武汉市。

1984年1月19日，《关于武汉市设立汉南区的批复》（鄂政函〔1984〕6号）颁布，设立武汉市汉南区，辖大咀、陡埠、邓南、水洪四个公社和乌金、东城垸、银莲湖、汉南四个国有农场。1986年，陡埠乡并入纱帽镇，撤销邓南乡，设立邓家口镇。1998年，撤销纱帽镇，设立纱帽街道。

五、八百年黄陵古镇变迁

　　黄陵古镇位于武汉市经开区军山街，旧称黄陵矶，北靠硃山，南连沌水，因水而兴，是通顺河下游重镇。通顺河是湖北省重要河流，西起潜江市泽口闸，流经潜江市、仙桃市，进入武汉市蔡甸区、汉南区。通顺河武汉段河道长度68公里，汇水面积824平方公里，经黄陵矶闸入长江，古称沌水。每年3、4月，上游的各路水源汇流至此，随着通顺河水位一天天涨起来，缓缓漫向黄陵古镇周边。黄陵古镇总面积约240公顷，其中陆域面积约160公顷，水域面积约80公顷，距离沌口的水路有10公里，距离汉口的水路有30公里左右。因此黄陵古镇得天独厚，拥有独特的湖湾小岛，中山湖与无浪湖如两面明镜镶嵌其中，通顺河擦身而过，周边还点缀着状元湖、牛尾湖、上乌丘湖、陈浪湖等。此外，黄陵古镇内河水流平缓，连通长江，水运发达，四方商贾的货物在此集散，从而较早形成一个船码头和大集镇，素有"小汉口"之称。

　　黄陵就建制历史而言，有近2000年。据史料记载，春秋战国时期，军山与黄陵矶一带是楚国的军事要道和楚文化的富集地。东汉光武帝建武元年（25年），曾置沌阳县治于黄陵矶北四里硃山南侧。汉末三国时期，孙权、刘备、曹操曾经在此屯兵鏖战，留下了诸葛城、祭风台、设法山、棋盘岭、观阵岭等文化遗址。晋惠帝永兴二年（305年），复置沌阳县治于黄陵矶北四里硃山南侧。晋怀帝永嘉元年（307年）始迁徙沌阳县治于临嶂山下，遂成乡集。

　　黄陵正式形成集镇有800余年历史，曾位居汉阳县三大古镇（蔡甸镇、侏儒镇、黄陵镇）之首。旧时黄陵矶商贾如云，长条石长街两旁立青砖瓦房数百栋，市场包罗万象，行业应有尽有。黄陵矶是当时汉阳县南部地区政治、经济、文化教育的中心，市场繁荣，盛极一时。黄陵矶,又名皇陵矶,相传宋光宗赵惇的李皇后灵柩经水路至此登岸,葬于御庙嘴,故称河边矶石为皇陵矶,后因附近土壤呈黄色改为黄陵矶,镇名源此。黄陵矶在明代已成繁盛集市,明清设塘汛,曾是通顺河重要码头。清雍正年间已发展为繁荣的商业集镇,清乾隆时期"贾船多望以为归"。晚清吴焘经过此地,称"辰刻至黄陵矶,江中一大镇也"。清末曾设巡检司署于此。清末民初这里已成"烟火千家,市廛百万"之镇。据民国年间《湖北县政概况》载:"汉阳县商户以县城及蔡甸为最繁盛,黄陵矶次之。"这表明黄陵矶在历史上的规模较大。

现在黄陵古镇最有历史底蕴的就是老街,目前为古镇的中心所在。老街长四五里,呈南北走向,头枕磢山崙,脚抵东荆河,东有磢山湖、无浪湖,西有中山湖、状元湖、官莲湖。关于黄陵古镇旧时的布

黄陵古镇　来源:武汉经开区文化馆

局,以往介绍大多比较简略,比如有资料记载镇上房屋多为青砖、布瓦、砖木结构的平房,商户铺面全是早拆晚装的活动木板门。富户人家为一出几进的式样,有的进深有2—3个天井。又有资料说旧街由南至北呈"一"字形等等。但是,对于成镇以后特别是明清以来的具体街道情况记载则不甚明了。《黄陵矶街巷命名记》详细记录了黄陵古镇的各条街巷名称,据此可以还原黄陵古镇当时的面貌:包括黄正街、人字街等,还有头总、二总、三总、四总。具体的巷子有三十四条,北巷十八,南巷十六,主要有忠义、艺圃、孝廉、松岩、当铺、节孝、兰阶、行公、黄壤、平湖、国耻、交通、仁圣、炎发、太史、

渌水、信心、贤才、鱼场、中和、旋乾、南通、百忍、一贯、礼耕、恺悌、坤维、金菊等。自街首至渌水巷为头总，自渌水巷至中和巷为二总，自中和巷至百忍巷为三总，自百忍巷至街尾为四总。黄陵古镇旧设把总，分总巡守：头总南有上庙嘴村，又称窥新村，轮船汽车往来如织；二总南有民生村、行俭村；三总南有多民族聚居的复兴村，北有孝子村；四总南有棉花集散地花村，北有叶村等。《黄陵矶街巷命名记》详细介绍了各条街巷命名的缘由，实际上也是介绍当时黄陵古镇的代表性地点，比如窦宗惠故居、苏祖鉁故居、蒋鸣奎故居、熊埙故居、汪以淳故居、叶名琛祠、天齐宫、关岳庙、行宫、信心堂，以及古镇村落的分布情况等等。黄陵古镇在历史上具有一定声望的家族较多，其中不少家族人才辈出，如叶氏家族、黄氏家族、蒋氏家族等。可见，黄陵古镇拥有悠久而深厚的人文底蕴。

黄陵古镇山水秀美，人文鼎盛，名贤荟萃，商业繁荣。黄陵矶是旧时重要的水陆中转点，八百多年来，黄陵古镇吸引着天南海北的骚人墨客，他们驻足黄陵矶，吟咏黄陵矶，留下了许多有关黄陵古镇商业、生产活动的生动描绘，从中可以看见黄陵古镇八百多年来的沧桑变化。如清钱崇柏《汉口棹歌》"黄陵矶外下渔舟，唱晚归来夜色幽。纤纤新月蛾眉瘦，飞照女郎山上头"，记录了黄陵矶的渔业活动。杜锡钧《黄陵矶》"沙平岸仄草盈堤，桑柘人家夕照低。一样黄陵矶上路，怅无花落鹧鸪啼"，描绘了经过黄陵矶时所见景色。清丁宿章辑《湖北诗征传略》，收入有关黄陵矶的诗歌两首，是诗人对黄陵矶印象的回忆："锈铗枯琴载一藤，黄陵矶下泊舟曾。隔溪僧院初闻磬，近市人家渐有镫。""高咏沧浪消永漏，醉呼明月乍闲朋。那知秋水伊人在，悔不龙门载酒登。"从中可见黄陵矶旧时商业繁荣状况。

黄陵矶近代文士辈出，如余家旐等，他们书写了大量有关黄陵矶历史的文章、诗歌、楹联，记载黄陵矶的景物风光，寄托了对黄陵矶的深厚感情。如题黄陵矶高等小学校楹联："古城樵唱，远浦渔歌，佐我读书添趣味；沌水文澜，军山锦障，凭他秀气毓英才。"题黄陵矶高等小学校附设平民识字班楹联:"士固读书,即为农为工为商,也须识若干字;教亦多术,要育德育智育体,方能成整个材。"题黄陵矶戏台楹联:"嬉笑怒骂本非真,窥尽态极妍,居然往事;善恶忠奸虽是幻,究含褒寓贬,莫作闲观。"题得胜岗戏台楹联:"得时复创高楼,愿尔曹想想听听,寓化感顽明一息;胜日好班古戏,看他等形形色色,须知忠孝永千秋。"从这些楹联的描绘推测,黄陵古镇的戏台可能也时常上演关于三国的戏曲。题咏矶市商会:"矶头临沌水滨,上溯监沔,下达汉江,区域便交通,伫看商家争盈利;市面望军山麓,工化八材,农生九谷,货财资贸易,喜有会场扬美名。"黄陵矶的地理区位、交通优势,工商业繁荣的气象,尽在这一联之中。此外,他们还深切关注居民生活,忧心家乡的水害灾患情况。1931年发大水时,黄陵古镇遭灾,余家旗写下《辛未年大水》:"江流横泛渐平铺,鱼跃于堂自昔无。孺子不知昏垫苦,乘盆荡漾学游湖。""黄陵宛在水中央,道阻矶头未可行。却有市民登垄断,争谋倍息尚多方。""巨侵继涨竟稽天,大小堤防溃决全。屋舍鸥浮田沛泽,哀鸿遍野最堪怜。"描绘了大水之中黄陵古镇的情势,表达了诗人对灾害的痛心疾首,映射出其爱国爱乡的情怀。

  黄陵古镇有丰富的历史文化遗存与人文景观,山水钟灵,文脉绵长,历代名人辈出。这里还积累了丰富的饮食文化,黄陵的肉丸子、鱼参、烧青鱼、泥蒿、蒙心菜等菜品,独具特色,闻名遐迩。2017年,为重振黄陵古镇辉煌,武汉经济技术开发区管理委员会拟将黄陵古镇打造成"武汉休闲西苑·文旅商创特色小镇"、湖北省乃至全国的文旅特色小镇典范。小镇规划占地总面积约3600亩,其中陆域面积约2400亩,水域面积约1200亩,拥有独特的湖湾小岛和鱼骨状"肌理"。同时,规划将黄陵古镇定位为武汉经济技术开发区旅游集散中心,按照"四轴五区"(四轴为智慧交通轴、老街民俗文化轴、中山湖风情水岸游览轴、无浪湖风情水岸游览轴,五区为商务会议服务区、创意智慧发展区、风情水街游览区、生态景观游览区、人文休闲体验区）的功能结构打造。通过集镇改造、产业导入、发展文化休闲体验等相关产业，惠民富民，将黄陵古镇打造成为文旅商创特色小镇。2018年7月，武汉市公布2018年第一批生态特色小镇创建名录和培育名录（总第三批），全市特色小镇创建名录共5个项目，武汉经济技术开发区军山街黄陵古镇位列其中。

六、三十年经开区发展史[①]

武汉经济技术开发区，1991年5月为承载中法合资神龙汽车项目而动工兴建，1993年4月经国务院批准为国家级经济技术开发区，是中西部地区首批国家级经济技术开发区之一。武汉经开区因车而建、因车而兴，三十多年改革潮涌，实现了从"一辆车"到"一座城"再到"一个产业集群"的精彩蝶变，辖区面积从建区之初的10平方公里发展到近500平方公里，管辖7个街道，62个社区，50个行政村，常住人口67.68万。武汉经开区三十多年的创业历程，共经历了四个发展阶段。

（一）创建探索阶段（1991—2002）：圆武汉轿车梦

1991年以前，武汉经开区还是一片农田和黄土地。1991年5月16日，随着东风汽车公司的前身第二汽车制造厂中法合资神龙汽车项目选址于此，车谷蓝图由此展开。承载着发展轿车产业的国家使命，武汉经开区在沌口正式破土动工，打造中国汽车之都，武汉轿车梦圆梦之旅从此起航。1993年，国务院批准设立国家级经济技术开发区。1995年9月，汉产第一辆富康轿车从神龙武汉工厂开出，年底第1000

---

① 此部分内容由武汉市经开区文化和旅游局提供。

武汉经开区在武汉的位置　来源：武汉经开区规划局

辆富康轿车下线。

这一阶段，经开区艰苦创业、砥砺奋进，将一片农田荒坡建设成现代化新城，实现产业发展、创新生态、对外开放、改革创新、城市建设、民生事业"六个跨越"。

（二）加速崛起阶段（2003—2013）：驶入发展快车道

以 2003 年东风汽车公司总部迁入、中日合资的东风本田落户为标志，经开区加速发展，实力日益凸显。

随着世界 500 强企业东风汽车公司总部的迁入，东风本田、东风乘用车、美的、格力等国内外知名企业的陆续入驻，武汉经开区形成了汽车、电子电器两大支柱产业和印刷包装、食品饮料、生物医药、

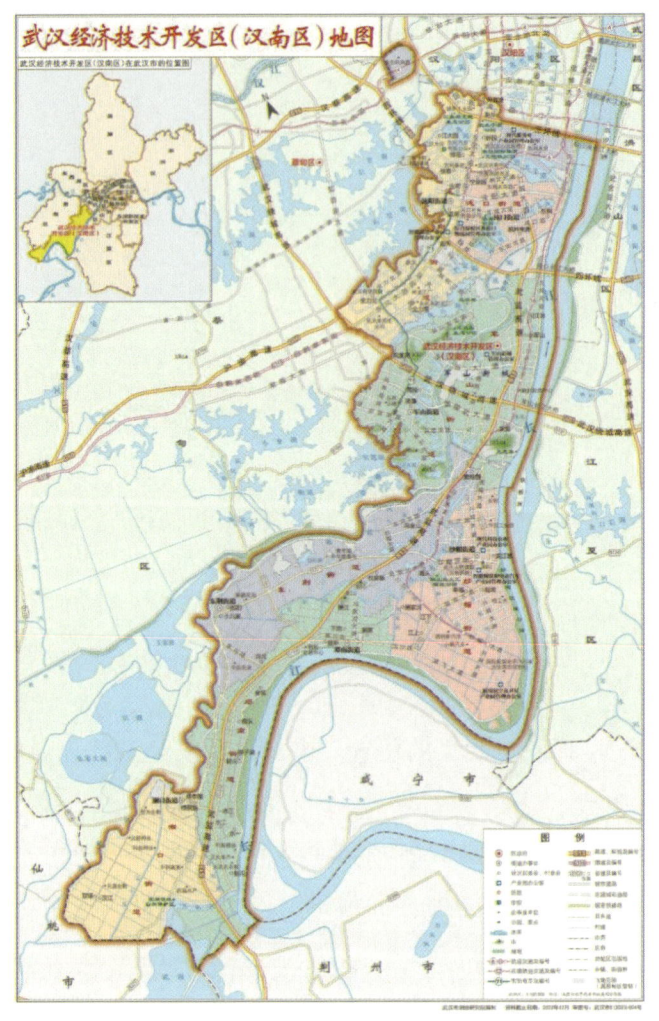

武汉经济技术开发区地图　来源：武汉经开区规划局

新能源新材料四大优势产业全面发展的局面，地区生产总值突破1000亿元，综合实力迈入国家级经济技术开发区前列。

江汉大学、武汉商学院等知名高校落户，经开永旺、万达等大型商圈，武汉亚心总医院、协和西院等三甲医院相继建设，武汉长江国际学校、三牛中美中学等国际学校陆续汇聚；通过大力实施生态修复工程，持续投入数百亿元修山治水造公园，打造长江最美岸线，经开区逐步成为武汉市西南部宜居副城。众多外企与合资企业汇聚于经开区，也让经开区拥有了独具一格的"法国街"与"日料一条街"，金色港湾作为武汉最早的国际化社区，是武汉外籍人士最多的区域。

从农耕时代的码头口岸到工业时代的制造强区，改革开放的时代大潮浩浩荡荡奔腾不息，凝聚起磅礴的人民力量，在长江左岸的黄土岗上崛起汽车产业集聚区，成为全国汽车产业最密集的区域之一，在新中国汽车工业发展历程中烙下"车谷印记"。

东风汽车公司总部
来源：武汉经开区融媒体中心

（三）融合发展阶段（2014—2020）：登上经济主战场

以2014年整体托管汉南区为标志，武汉经开区产城融合发展稳步推进。东风本田成为全市首家产值过千亿元的企业，汉南片区新型城镇化、新型工业化加快推进。

2017年，武汉经开区实现地区生产总值1443亿元，位列武汉市各区（功能区）第一，全区汽车产业产值约占到全省的三分之一，成为武汉经济发展的主战场、工业经济的顶梁柱。

2019年，武汉经开区已成为全球汽车产业最密集的区域之一，平均每50秒就有一辆汽车下线，综合实力在全国219家国家级经开区中位居前十。2020年，面对前所未有的疫情冲击，武汉经开区勇毅前行，东风岚图高端电动汽车品牌发布，东风本田产销刷新建厂17年纪录，一个个重大突破、重大项目，展示出车谷智造的强大实力。

这一阶段，武汉经开区以"闯关"精神推动产业高质量发展，全

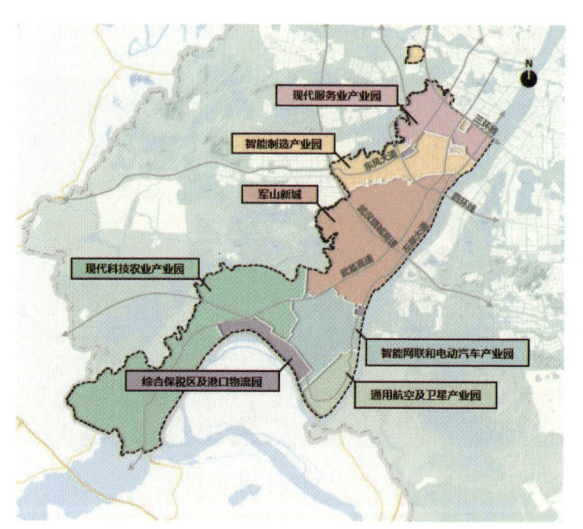

武汉经开区七大园区分布图
来源：武汉经开区规划局

力推进新型工业化，汽车产业转型升级跑出加速度，实现经济质的有效提升和量的合理增长。设立7大园区，实施体制机制改革，引进东风云峰、路特斯等一大批重大项目，产城融合、创新驱动取得新突破，形成了以汽车及零部件、电子电器、食品饮料、生物医药为核心，以新能源新材料、智能装备、通用航空为支撑，以现代服务业为补充的产业体系。

（四）转型升级阶段（2021年起）：书写车谷新作为

2021年是武汉经开区动工兴建30周年，三十而立的武汉经开区站在新的历史起点上，面对世界百年未有之大变局，以打造中国车谷为契机，以全面启动新能源汽车产业发展为标志，开启二次创业新征程，启动经开新区军山新城建设，吹响"借东风、定军山、强沌口、兴汉南"的号角。

这一阶段，武汉经开区为发挥军山地区北联沌口，南通纱帽，东接金口，西望常福的核心优势，工委、管委会整体搬迁到军山地区。经开区通过推动产业、城市、人口加速提升，围绕军山新城打造车谷副城核心区，谋划城市和产业"两个升级"、经济社会高质量发展，综合实力稳步提升，地区生产总值由2020年的1650亿元提高到2023年的2150亿元，年均实际增长7.3%，占武汉市比重三年提升了0.2个百分点,达到10.8%。市场主体数量四年翻了一番,达到11.2万户,占武汉市比重提升了1.2个百分点,排名前进了4位。第三产业占比从2020年的33%提高到2023年的38.6%。

伴随着武汉经开区二次创业和"定军山"发展战略的落地,军山新城掀起建设热潮,实施城市功能品质、重大基础设施、产业项目提升三个"百亿工程",加快打造"科创军山""双智军山""国际军山""魅力军山",一个宜居宜业、产城融合的车谷副城初步形成。

武汉智能网联汽车测试场　来源:熊秋萍摄

未来的武汉经开区将继续发扬"务实进取,勇争一流"的开发区精神,永葆"闯"的精神、"拼"的劲头、"干"的作风,加快推进创新驱动和产城融合发展,全力打造未来之城、希望之城、创新之城,为武汉打造新时代英雄城市、湖北建设全国构建新发展格局先行区贡献力量。

从却月城到武汉三镇

武汉市是国家历史文化名城、楚文化的重要发祥地。春秋战国以来，武汉一直是中国南方的军事和商业重镇，元代成为湖广行省省治，明清时期被誉为"楚中第一繁盛处"和"天下四聚"之一。清末汉口开埠和洋务运动开启了武汉的现代化进程，武汉逐渐成为近代中国重要的经济中心。武汉是辛亥革命首义之地，近代史上数度成为全国政治、军事、文化中心。目前，武汉市是长江经济带核心城市、中部崛起重要战略支点城市、全面创新改革试验区，正加快建成以全国经济中心、高水平科技创新中心、商贸物流中心和国际交往中心四大功能为支撑的国家中心城市。从城市建制沿革来看，春秋战国时期，武汉地区是楚国的军事要地、造船基地和水师港口；两汉三国时期，武汉地区出现了却月城、鲁山城和夏口城，军事基地位置凸显；唐宋元时期，武汉继续繁荣兴旺，是著名的港口城市；明清民国时期，武汉三镇鼎立，百舸争流；现代，武汉成为国家中心城市。

一、春秋战国时期的汉江与夏口楚国军事要地

华夏神州，江河奔流，在雄浑的长河与浩荡的大江之中，唯有汉江被赋予"天汉"的美名。《诗经·大东》说："维天有汉，监亦有光。跂彼织女，终日七襄。"① 因汉水又称夏水，"江夏"之意就如同"江汉"。春秋时期，战事频繁，楚国占据江汉一带，充分利用濒临长江、汉水并依托龟山为屏障的地理优势，发展水军势力，抗衡其他诸

---

① 孔颖达：《毛诗正义》，北京：北京大学出版社，1999年版，第786页。

侯国，武汉成为春秋战时的重要战场。

《左传·昭公四年》记载："冬，吴伐楚，入棘、栎、麻，以报朱方之役。楚沈尹射奔命于夏汭。"① 朱方之役，是昭公四年（前538年）秋十月吴国与楚国在今镇江一带所发生的一场战事，楚灵王率领诸侯打败了吴国。为了报仇，吴国于数月后集聚兵力，一举攻占了楚国占据的棘（今河南省永城市南）、栎（今河南省上蔡县北）、麻（今安徽省砀山县东北）等地。楚国大将沈尹射率大军从夏汭出发增援。鲁昭公五年（前537年）冬十月，楚灵王为报棘、栎、麻失地之仇，会合诸侯及东夷的军队大举进攻吴国，楚大将薳射"以繁扬之师，会于夏汭"②。这里所说的夏汭，按魏晋时期经学家杜预的注解，为"汉水曲入江，今夏口也"③。北魏郦道元、唐代杜佑等均沿袭此说。南朝齐刘澄之《荆州记》："夏水入江处，谓之夏汭，盖夏水之尾也。汉末谓之夏口。"④ 夏，夏水；汭，水的弯曲处。定公四年（前536年）冬，蔡昭侯、吴王阖庐、唐成公联合攻打楚国，"舍舟于淮汭，自豫章与楚夹汉……（楚令尹子常）乃济汉而陈，自小别至于大别"⑤。清人胡渭《禹贡锥指》认为："小别一名甑山，在汉川县东南十里"，"大别山在汉阳府城东北半里，汉水西岸"⑥。我国古代伟大诗人屈原在《九章》中写道："乘鄂渚而反顾兮。"⑦ 文中的"鄂渚"就是武汉汉阳一带最早出现于文献记载的名称。今汉口沿江一带当时被称作"夏汭""鄂渚"，是楚国军事、经济、政治中心之一。现在的武汉市中心有两条重要的河流——长江和汉江，它们在这里交汇，又从这里穿城

---

① 杨伯峻：《春秋左传注》，北京：中华书局，2018年版，第1089页。
② 杜预：《春秋左传集解》，上海：上海人民出版社，1977年版，第1271页。
③ 杜预：《春秋左传集解》，上海：上海人民出版社，1977年版，第1249页。
④ 转引自张笃勤：《文化视域中的武汉与汉江》，《江汉大学学报》（社会科学版），2008年第3期。
⑤ 杨伯峻：《春秋左传注》，北京：中华书局，2018年版，第1348页。
⑥ 胡渭：《禹贡锥指》，上海：上海古籍出版社，1996年版，第374页。
⑦ 洪兴祖：《楚辞补注》，北京：中华书局，1983年版，第129页。

而过。由于汉江自今湖北仙桃以下古称夏水,所以其与长江的交汇处被称为夏口。

二、两汉三国时期的却月城、鲁山城和夏口城

两汉三国时期,汉江作为"汉家发祥地",更加引人注目。东汉应劭曰:"沔水自江别至南郡华容为夏水,过郡入江,故曰江夏。"① 沔水即汉江。汉高祖刘邦时新建立江夏郡,辖境为今湖北大部及河南信阳一带。两汉三国时

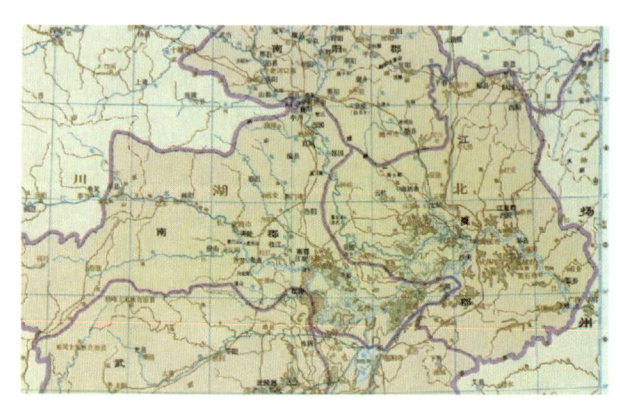

东汉时期荆州刺史部江夏郡
来源:谭其骧《中国历史地图集》

期夏口城与江夏郡的治所均在今天的武汉,但是夏口只是一座城,区域范围相对更小,而江夏郡大致是湖北大部及周边部分区域在三国时期的行政区名,范围更大。

夏口作为长江流域的重要港口和商贸都会,历史十分悠久。东汉大文学家蔡邕的《汉津赋》就是以汉水为描写对象的作品,其开首四句如下:

夫何大川之浩浩兮,洪流渺以玄清。配名位乎天汉兮,披厚土而载形。发源自乎嶓冢兮,引漾沣而东征。纳汤谷之所吐兮,

---

① 班固:《汉书》,北京:中华书局,1962年版,第1568页。

兼汉沔之殊名。①

此赋开首四句总括汉水浩渺玄深如天河，浩荡奔流以载物；继而写其发源地、流经处，直至紧贴龟山与长江汇合；然后写汉水孕育丰富水产；接着写汉水沟通西北与东南、中原与南国的交通地位，"于是游目骋观，南援三洲，北集京都，上控陇坻，下接江湖。导财运货，懋迁有无"②。这说明此时夏口已是南通广西，西达黄土高原，北到黄河中下游，东至长江下游的繁荣港口和商都。

（一）却月城：武汉中心城区历史上最早的城邑

两汉时期，夏口属于荆州江夏郡管辖，当时江夏郡的治所还在西陵县（今武汉市新洲区境内）。东汉时荆州刺史的主要职责是镇抚群蛮，其治所在武陵郡。东汉末年，军阀割据，荆州格局发生了很大的变化，荆州的地方豪族势力叛乱四起，刘表出任荆州刺史，他单枪匹马来到荆州赴任，无钱无兵，主要是通过与襄阳世家大族蔡氏联姻，依靠蔡氏的势力，才得以在荆州立足。襄阳原本只是南郡下辖的一个县，刘表将襄阳县升格为襄阳郡，并以襄阳郡为荆州刺史治所。襄阳成为荆州政治中心后，夏口的战略价值就体现出来了。因为襄阳位于汉水上游（相对夏口而言），夏口位于汉水下游且是入江之口，在高度依赖水路交通的古代，夏口是由汉入江或由江入汉的枢纽，因而也是从军事上保卫襄阳的战略要地。

刘表在襄阳站稳脚跟后，以大将黄祖为江夏太守。为了防备江东孙氏，黄祖将江夏治所搬到了更加安全的夏口，也就是今天的武汉市汉阳区境内。为保卫襄阳，有效地控制长江中游的水运，阻击孙氏船队对荆州的入侵，黄祖在夏口西北处的汉水北岸修筑却月城（又称郤

---

① 严可均：《全后汉文》，北京：商务印书馆，1999年版，第708页。
② 严可均：《全后汉文》，北京：商务印书馆，1999年版，第709页。

月城、偃月垒，其地在今武汉市硚口区江汉桥北岸一带）。关于却月城名字的由来，《太平寰宇记》写道："与鲁城相对，以其形似却月故。"①"却"旧作"卻"，"卻"通"郄"，而"郄"同"隙"，故"却月"应为"缺月""弯月"之意。而却月城便因城墙在江边围成半圆，形似弯月而得名。其后黄祖将江夏郡治和沙羡县治迁至却月城。郦道元在《水经注》中写道："江水又东径鲁山南，古翼际山也……山左即沔水口矣。沔左有却月城，亦曰偃月垒，戴监军筑，故曲陵县也，后乃沙羡县治。"②《元和郡县图志》对却月城规模有较详细的记载："却月故城在汉阳县北三里，周一里八十步，高六尺。"③当时的却月城虽然规模不大，但其地理位置独特，它北倚龟山，南临汉水，紧扼汉水入江的交通要道，在军事上有着重要的屏障作用。

黄祖是一位善于用兵的骁将，他曾设伏射杀孙坚。孙策曾说黄祖"宿狡猾，为表腹心，出作爪牙"，而孙策被时人评价为"才略绝异""多谋善用兵"。连孙策都对黄祖忌惮三分，可以想见黄祖之多谋善战。孙坚死后，孙策、孙权为报杀父之仇，多次兴兵进攻黄祖，战场就在夏口的却月城及其附近。

汉献帝建安四年（199年），孙策大破江夏太守黄祖之军。《三国志》裴注引《吴录》载孙策上表曰："臣讨黄祖，以十二月八日到祖所屯沙羡县。刘表遣将助祖，并来趣臣。臣以十一日平旦部所领……周瑜……吕范……程普……孙权……韩当……黄盖等同时俱进。身跨马栎陈，手击急鼓，以齐战势。吏士奋激，踊跃百倍，心精意果，各竞用命。越渡重堑，迅疾若飞。火放上风，兵激烟下，弓弩并发，流矢雨集，日加辰时，祖乃溃烂。锋刃所截，焱火所焚，前无生寇，惟祖进走。获其妻息男女七人，斩虎（狼）、韩晞已下二万余级。其赴水

---

① 乐史：《太平寰宇记》，北京：中华书局，2007年版，第2585页。
② 郦道元：《水经注》，杭州：浙江古籍出版社，2013年版，第459页。
③ 转引自顾祖禹：《读史方舆纪要》，北京：中华书局，2005年版，第3546页。

溺者一万余口,船六千余艘,财物山积……"① 孙策攻沙羡,斩黄祖部下二万余人,逼到江水中淹死一万余人,缴获战船六千余艘,缴获财物堆积如山。黄祖在沙羡败于孙策,于是退兵到却月城,以此为基地训练水师。

《三国志》引《江表传》载:建安四年(199年),"(孙)策收得勋兵二千余人,船千艘,遂前进夏口攻黄祖。时刘表遣从子虎、南阳韩晞将长矛五千,来为黄祖前锋。策与战,大破之"②。建安五年(200年)孙策死后,孙权继其兄之位,建安八年(203年)及十二年(207年)孙权两次攻打却月城。建安八年(203年),"权西伐黄祖,破其舟军,惟城未克"③。建安十二年(207年),"西征黄祖,虏其人民而还"④。黄祖水军迎战,保住了却月城。《三国志》载:"(建安)十三年(208年)春,权复征黄祖,祖先遣舟兵拒军,都尉吕蒙破其前锋,而凌统、董袭等尽锐攻之,遂屠其城。祖挺身亡走,骑士冯则追枭其首,虏其男女数万口。"⑤

十年间,江东孙氏和荆州刘表争夺的焦点就是夏口,孙策、孙权为夺取却月城多次发动战役,足见却月城战略地位重要。黄祖凭借家族势力顽强地和孙吴争战,但最后还是没能敌过江东英豪,夏口失守。武汉最早城邑却月城在先焚后屠中消失,荡然无存。

(二)鲁山城:武汉中心城区历史上第二座城池

孙权虽然打败了黄祖,但无力占领夏口,随即撤军回江东。却月城被屠、江夏郡太守黄祖被斩后,荆州牧刘表命其长子刘琦为江夏太守,重新占领了夏口。东汉建安十三年(208年),曹操大举南征荆

---

① 陈寿:《三国志》,北京:中华书局,1959年版,第1108页。
② 陈寿:《三国志》,北京:中华书局,1959年版,第1108页。
③ 陈寿:《三国志》,北京:中华书局,1959年版,第1116页。
④ 陈寿:《三国志》,北京:中华书局,1959年版,第1117页。
⑤ 陈寿:《三国志》,北京:中华书局,1959年版,第1117页。

州，败刘备于当阳。《三国志》载："先主弃妻子，与诸葛亮、张飞、赵云等数十骑走，曹公大获其人众辎重。先主斜趋汉津，适与羽船会，得济沔，遇表长子江夏太守琦众万余人，与俱到夏口。"① 刘备与刘表长子刘琦退守夏口。正是刘琦镇守的江夏，成了刘备人生新的起点。刘备在夏口站稳脚跟后，立即派诸葛亮和孙吴联盟，与周瑜一起导演了一出中国历史上经典的以少胜多战役——赤壁之战。刘备的根据地起初仍然是黄祖所建的却月城，他总结了黄祖所建却月城的缺点，就是却月城南面临江处没有城墙，当年黄祖自恃有艨艟大船可以封锁江口，故不以为意，但事实证明这是却月城防御的一大弱点。于是刘备开始在却月城对面汉水南岸的大别山山麓修筑新城。该城可以弥补却月城南面的缺口，与却月城夹江而守，形成掎角之势，大幅提升夏口的防御能力。刘琦在任不到两年便死去，虽然刘备在夏口下了不少血本，也颇有成果，但夏口毕竟远离刘备主力部队所在的江陵、公安等处，刘备所据守的夏口江北的却月城和新筑之城，实际上是夹在曹操和孙权之间的一块"飞地"或曰"插花地"。一旦发生战争，如果江陵和公安的援军不能及时赶到，却月城和新筑之城的守军就会沦为孤军，处境必将十分艰难。因此，刘备在取得益州后，忍痛割爱，与孙权达成协议，"分荆州长沙、江夏、桂阳以东属权，南郡、零陵、武陵以西属备"②，也就是将夏口的江北部分让给了孙权，使孙权取得长江南北两岸的完整夏口地区，以换取孙权承认刘备对南郡、零陵、武陵三郡的统治权。

此时，东吴大将陆涣任吴江夏郡太守，在汉阳大别山上建沙羡县城。据《水经注》记载："江水又东径鲁山南，古翼际山也。《地说》曰：汉与江合于衡北翼际山旁者也。山上有吴江夏太守陆涣所治城，盖取二水之名。《地理志》曰：夏水过郡入江，故曰江夏也。旧治安

---

① 陈寿：《三国志》，北京：中华书局，1959年版，第878页。
② 陈寿：《三国志》，北京：中华书局，1959年版，第1119—1120页。

陆，汉高帝六年（前201年）置，吴乃徙此。"① 后来，吴国为了纪念已故的鲁肃，在山上修有鲁肃衣冠冢等，还依山傍江修筑了铁门关，于是将大别山更名为鲁山，其城便改称鲁山城。清代曾在鲁肃墓旁修有鲁肃祠。现墓前立有大石碑，上书"吴汉昌太守鲁肃墓"几个大字。杜佑曰："鲁山，三国南北之际必争之地。"刘表长子刘琦墓及庙也曾位于此地，现已无存。

（三）夏口城：武汉中心城区历史上的第三座城池

汉魏六朝文献中的"夏口"地名有狭义和广义两种概念。前者最初指长江北岸夏水入江之口，又称沔口、汉口。夏水本来是长江的支流，其故道源头在江陵东南，向东流至华容县堵口（今湖北省仙桃市东北）汇入汉水。由于夏、沔二水合流，自此以下的汉水河道亦称为夏水，故其入江之口被称作夏口。后来孙权在其南岸筑垒戍守，名为夏口城，历经东晋南朝皆为重镇，逐渐取代了北岸的夏口地名。杨守敬《水经注疏》曰："夏口以夏水入江得名，沔口以沔水入江得名，实一处也。自孙权置夏口督，屯江南，今鄂州也。故何尚之云：夏口在荆江之中，正对沔口。太子贤注亦谓夏口戍在（今）鄂州。于是相承以鄂州为夏口，而江北之夏口晦矣。"② 广义的夏口则泛指今武汉地区，六朝时曾将其划为一个作战区域，遣将戍守，或称为"夏口三城"。王素论述"夏口地区"，"应该包括江沔沿岸的夏口、鲁山、沔口三城，亦即今天的武昌、汉阳、汉口三镇"。其又言："夏口、鲁山、沔口三城，汉末三国时就已并存，属荆州江夏郡沙羡县。"③

关于夏口在三国时期的重要性，《三国志》载曹操自江陵将顺江东

---

① 郦道元：《水经注》，杭州：浙江古籍出版社，2013年版，第459页。
② 杨守敬：《杨守敬集》第4册，武汉：湖北人民出版社、湖北教育出版社，1997年版，第2112页。
③ 王素：《南朝夏口地区社会经济杂考》，中国唐史学会、湖北省社会科学院历史研究所编：《古代长江中游的经济开发》，武汉：武汉出版社，1988年版，第30页。

下,"(周)瑜请得精兵三万人,进住夏口"①。《三国志》裴注引《江表传》曰:"初,(孙)权在武昌,欲还都建业,而虑水道溯流二千里,一旦有警,不相赴及,以此怀疑。及至夏口,于坞中大会百官议之,诏曰:'诸将吏勿拘位任,其有计者,为国言之。'诸将或陈宜立栅栅夏口,或言宜重设铁锁者,权皆以为非计。时(张)梁为小将,未有知者,乃越席而进曰:'臣闻香饵引泉鱼,重币购勇士,今宜明树赏罚之信,遣将入沔,与敌争利,形势既成,彼不敢干也。使武昌有精兵万人,付智略者任将,常使严整。一旦有警,应声相赴。作甘水城,轻舰数千,诸所宜用,皆使备具。如此开门延敌,敌自不来矣。'权以梁计为最得,即超增梁位。后稍以功进至沔中督。"② 可见屯驻数万兵马的夏口,其城市规模绝非一般。

曹操在赤壁之战中战败后,大军北撤,留下曹仁守江陵县(南郡治所)。此时,刘备、孙权决定联合夺回江陵,夏口成为攻打江陵的桥头堡,刘、孙两军便分别占领夏口,刘备在江北,以却月城为据点,孙权派出周瑜在江南,以沙羡县旧城为据点。在孙刘联军的压力下,曹仁弃城退至襄阳,而周瑜不久后也病死,江陵遂为刘备所有。刘备派关羽镇守江陵,直至建安二十四年(前219年)被吕蒙袭取。攻下江陵后,南郡、零陵、武陵尽入孙权掌握。孙权先驻公安,后迁至武昌(今鄂州)。而夏口依然是刘、孙两家划江而治的局面。孙权以程普为荡寇将军、江夏太守,据守长江以南的沙羡故城。刘备则以长江以北的却月城为中心,谋划加强夏口防御。

《三国志》曰:"(建安)二十五年(220年)春正月,曹公薨,太子丕代为丞相魏王,改年为延康。……冬,魏嗣王称尊号,改元为黄初。二年(221年)四月,刘备称帝于蜀。权自公安都鄂,改名武

---

① 陈寿:《三国志》,北京:中华书局,1959年版,第1262页。
② 陈寿:《三国志》,北京:中华书局,1959年版,第1209页。

昌。"① 《三国郡县表》曰："黄武初，权自建业徙都此。黄龙元年（229年）还都建业，于此置都督为重镇。后分为左右两部。"② 黄武二年（223年），孙权将统治中心由公安移至鄂县后，取"以武而昌"之意，把鄂县改为武昌。孙权定都武昌之后，距离武昌仅50公里的夏口地位急剧上升，成为拱卫京畿的屏藩。清代顾祖禹《读史方舆纪要》认为，孙权"名为都武昌，实以保江夏也。未有江夏破而武昌可无事者"③。这就是说，孙权定都武昌，完全是因为有夏口这个天然屏障。

三国时期相关地名示意图　来源：搜狐网

当时正值曹魏大军三路征吴，分别攻击孙吴的洞口、徐陵、濡须与江陵等滨江要地，战局相当紧张。魏江夏太守文聘"别屯沔口，止石梵，自当一队"，已经占据了夏口地区的江北地带，严重威胁着吴国首都武昌的安全。为了拱卫武昌，孙吴在长江边上蛇山头筑城。因对面正好是夏水入江口，蛇山早期称为黄鹄山、江夏山，故该城得名夏口城。古今闻名的黄鹤楼就修建在这座城中，当时是作为城墙西南角的瞭望塔来使用的。

---

　　① 陈寿：《三国志》，北京：中华书局，1959年版，第1121页。
　　② 吴增仅：《三国郡县表附考证》，《二十五史补编》编委会编：《三国志补编》，北京图书馆出版社，2005年版，第371页。
　　③ 顾祖禹：《读史方舆纪要》，北京：中华书局，2005年版，第3485页。

《三国志》载：吴黄武二年（223年），"城江夏山"①。黄鹤楼所在的蛇山，只是夏口城的一角，可见夏口城的规模甚大。据《水经注》记载："黄鹄山东北对夏口城，魏黄初二年（221年）孙权所筑也。依山傍江，开势明远，凭墉借阻，高观枕流，上则游目流川，下则激浪崎岖，实舟人之所艰也。对岸则入沔津，故城以夏口为名，亦沙羡县治也。"②《元和郡县图志》载："州城本夏口城，吴黄武二年（223年），城江夏以安屯戍地也。城西临大江，西南角因矶为楼，名黄鹤楼。"③顾祖禹在《读史方舆纪要》中写道："何言乎重在武昌也？夫武昌者，东南得之而存，失之而亡者也。汉置江夏郡治沙羡，刘表镇荆州，以江、汉之冲恐为吴人侵轶，于是增兵置戍，使黄祖守之。孙策破黄祖于沙羡，而霸基始立。孙权知东南形胜必在上流也，于是城夏口，都武昌……继孙氏而起者，大都不能改孙氏之辙矣。故曰重在武昌也。""若夫用武昌者，则莫备于江东。孙氏都武昌，非不知其危险堉确、仅恃一水之限也，以江夏迫临江、汉，形势险露，特设重镇以为外拒，而武昌退处于后，可从容而图应援耳。名为都武昌，实以保江夏也。未有江夏破而武昌可无事者。"④

武汉在东汉时为沙羡县，只是江夏郡下辖的一个不到一万户的小县。当时江夏郡的治所在西陵县，而夏口更是沙羡县城以北的一个毫不起眼的小地方。到了汉末三国时期，孙吴以江南立国，长江沿岸城市的地位空前上升，夏口的战略价值也不断凸显，沙羡县和江夏郡先后移至夏口。《三国志》载："（黄武）五年（226年）……秋七月，权闻魏文帝崩，征江夏，围石阳，不克而还。"⑤这里的江夏，是指魏国设在安陆县的江夏郡，孙权能够出兵至安陆，说明他已经收复了当年

---

① 陈寿：《三国志》，北京：中华书局，1959年版，第1129页。
② 郦道元：《水经注》，杭州：浙江古籍出版社，2013年版，第459页。
③ 李吉甫：《元和郡县图志》，北京：中华书局，1983年版，第644页。
④ 顾祖禹：《读史方舆纪要》，北京：中华书局，2005年版，第3484—3485页。
⑤ 陈寿：《三国志》，北京：中华书局，1959年版，第1132—1133页。

被文聘攻占的夏口的江北部分。虽然孙权未能攻下安陆，但他成功地将战线向北推移了70多公里，为重镇武昌留出了战略空间。

吴嘉禾三年（234年）五月，为配合蜀汉诸葛亮北伐，孙权起兵攻魏，三路北进，陆逊、诸葛瑾等攻襄阳，孙韶、张承等向广陵、淮阴，孙权自率大军围合肥新城。陆逊、诸葛瑾直接就打到了襄阳，无须顾忌魏国设在安陆的江夏郡兵切断其后路，表明安陆很有可能已在孙权的控制之下。孙权于黄龙元年（229年）在武昌即皇帝位。孙权赤乌二年（239年），"夏五月，城沙羡"①，这是对夏口城的再次增筑。卢弼曰："沙羡，今湖北武昌府江夏县西南。赵一清曰：'沙羡即江夏也。黄武二年（223年）城之，今复筑。'"杨守敬曰："《吴志·孙权传》，赤乌二年（239年），城沙羡，盖移沙羡于夏口而增城之。"②观《孙奂传》庶子壹袭沙羡侯，迁镇军，假节督夏口，此沙羡治夏口之证。赤乌四年（241年）四月，趁曹芳即位不久，政局未稳，孙权故伎重演，再次兵分三路攻魏，卫将军全琮攻芍陂，车骑将军朱然攻樊城，大将军诸葛瑾攻柤中（襄阳郡上黄县的一处地名）③。两次战役，孙权都未能攻下襄阳，无功而返。但两次战役表明，在孙权统治的中后期，魏、吴交战的前线已经大体稳定

却月城、鲁山城、夏口城
在现代武汉地图上的大体位置
来源：搜狐网

---

① 陈寿：《三国志》，北京：中华书局，1959年版，第1143页。
② 转引自刘信芳：《关于云梦龙岗秦牍"沙羡"的地望问题》，《文物》1997年第11期。
③ 陈寿：《三国志》，北京：中华书局，1959年版，第1144页。

在距离夏口260多公里以外的襄阳，此时以武昌为中心的长江防线是绝对安全的。孙权"遣将入沔，与敌争利"的方针，与诸葛亮北伐一样，实际上是一种以攻为守的战略，取得了明显的成效。

一般认为，夏口城始于孙权建立的军事性城垒，与长江对岸的却月城、鲁山城一起，共同构成了长江、汉水交汇处的镇戍群。三者之中，夏口城位于长江南岸，对于江南国家来说防御地位尤为重要。

鲁山城与却月城同样战火不断。东晋元兴末年，桓振部将孟山图据守鲁山城。南北朝时齐竟陵太守房僧寄曾占据鲁山城和萧衍对抗，《南史》说萧衍从襄阳来到建业，邓元起等人会大军于夏口。此外，萧衍还筑汉口城以守鲁山①。汉口城因是萧衍所筑，故被称为萧公城，位于龟山西北约十里。南朝陈光大年间，北周占据鲁山城。至陈宣帝太建年间，北周大将司马消难投降陈朝，鲁山城为陈朝掌控。隋朝完成统一后，于开皇十七年（597年）在鲁山城设汉津县；大业二年（606年），改汉津县为汉阳县；江夏（武昌）和汉阳分别升为鄂州和沔州的州治，初步确立了双城格局，成为长江流域商业重镇和东南贡赋转运中心。隋义宁元年（617年），梁朝后裔萧铣起兵反隋，自称梁王，在鲁山城设鄂州，派遣雷长颖任鄂州刺史，镇守鲁山城。旧志载：唐武德四年（621年），梁王萧铣部属鄂州刺史雷长颖，以鲁山求降，盖萧铣置州于鲁山。唐朝接管鲁山城，稍加整修，在城内增设沔州和汉阳郡。从此，鲁山城更名为沔州城，又称汉阳城。因此，汉阳城是在鲁山城的基础上再建而成，其前身就是鲁山城。

武汉历史上存续时间最长、影响最大的古城当属汉阳城。汉阳城起源于三国时期始建的鲁山城，唐初更名汉阳城，直至当今的武汉市汉阳区，汉阳城持续了1800余年。汉阳城作为军事重镇建成后，大量驻军的吃住行等需要商业供给，所以周边百姓就在驻军城堡外聚集，经营商业，提供粮草给养、日常用品，并引得大批商船来往交易，城

---

① 李延寿：《南史》，北京：中华书局，1975年版，第173页。

池迅速发展壮大，至北宋宣和三年（1121年）其规模已蔚为大观，城墙周长3570余米，城门多达8座。宣和三年（1121年），江水冲溃了汉阳城东南临江城墙，部分城区也溃入江中，旧志称"水涨城圮"。直至南宋咸淳十年（1274年）朝廷才同意重修汉阳城，范围小了许多，后又屡遭江水和战争创伤，明初城墙周长减至2520米，只设4座城门，清末城墙仅剩2398米。1927年后，汉阳城墙被拆除。直至今日，虽然汉阳城墙不存，但古城街巷布局依旧清晰可见：古城范围东抵滨江大道，西至南城巷、北城路，南北分别抵达拦江路、汉阳大道。城内以显正街为东西轴线，东端即朝宗门，西端即凤山门，府署原址位于今阳新路与显正街交会处北部，南临阳新路与拦江路交会处的南纪门。有着近两千年历史的汉阳城，人们不会忘记它，它所具有的历史价值、文化价值将永载史册。

三、唐宋元时期武汉的繁荣兴旺

唐代武昌称江夏，为鄂州治所。武汉成为地区性政治中心始于唐代中期，当时鄂州为贡赋转运中心，设有武昌军节度使。宝历元年（825年），唐敬宗命宰相牛僧孺出任鄂州刺史、武昌军节度使，领鄂、岳、蕲、安、申、光等6州；随后又取消沔州建制，将汉阳、汉川两县划归鄂州，首次形成两岸合一的行政建制。牛僧孺任武昌军节度使后就着手扩建鄂州城，历时5年将夯土板筑城墙改造为砖结构城垣，这是武汉地区最早由砖砌城墙的城，新鄂州城由蛇山扩大到今凤凰山、螃蟹岬一带，涵盖了老武昌城北片，今武昌区境从此兼有武昌之称。牛僧孺在鄂6年，整肃吏治，减轻民赋，颇有政声，为唐宋时期鄂州商业的繁荣和文化的发展奠定了良好的基础。

北宋时期，江夏属荆湖北路，为鄂州治所。南宋初年，荆湖北路军事中心由江陵移至鄂州，宋将岳飞曾镇守在此。元代设湖广行省，置鄂州路（后改为武昌路），下辖7县，江夏是湖广行省、武昌路和江夏县的治所，为行省级大区域行政中心。从此，包括今武昌区境在内的今武汉市江南部分正式有了武昌这个地名。元世祖至元十八年（1281年），武昌成为湖广行省的省治，武汉首次成为一级行政单位的治所。至正十六年（1356年），农民起义军领袖徐寿辉建天完国，迁都于汉阳。至正二十一年（1361年），陈友谅建汉国，迁都于武昌。次年，陈友谅阵亡，陈理在武昌继位，葬陈友谅于蛇山之麓。明洪武三年（1370年），朱桢受封楚王。江夏侯周德兴在武昌高观山（今蛇山）南侧建楚王府，历时9年竣工，东西宽2里，南北长4里，占地8平方里，相当于当年的半个武昌城，是长江流域规模最为庞大的宫殿建筑群。

唐宋时期，汉阳和武昌城商贸兴旺，市场繁荣，具有城市文化象征意义的风景名胜开始形成，四方宾客纷至沓来。唐代诗人王贞白在《晓泊汉阳渡》中写道："残灯明市井，晓色辨楼台。"市井即商贸场所，在灯光中看得格外醒目，可见当时市场的繁荣景象。唐人罗隐在《忆夏口》诗中写道："汉阳渡口兰为舟，汉阳城下多酒楼。当年不得尽一醉，别梦有时还重游。"

北宋文学家、画家张舜民在《郴行录》中描述了夏口的情景：

> 丙子群会，登石城。最西临江，即黄鹤、白云，最东即头陀寺。寺与楼下枕大江，对瞰汉阳，江中即鹦鹉洲，黄祖沉祢衡之所，上接湖湘，下临沔汉，乃古今绝景也。①

南宋王象之编撰的地志《舆地纪胜》，专门设有篇幅可观的"景物"类目，详细记述各地的自然景观和楼、阁、寺、观等文化名胜，且所记述文化名胜以唐宋时期的建筑和文化遗迹为主，但也有不少可以追溯到六朝时期。其中，夏口的黄鹤楼、鹦鹉洲、头陀寺等名胜尤

---

① 张舜民：《画墁集》，台北：台湾商务印书馆，1983年版，第48页。

其引人注目,为诸多脍炙人口的唐宋诗文所吟咏记述,文化影响力一直绵延至今。从军事城垒到行政中心的演变过程中,夏口开始形成一些标志性的风景名胜,其中以黄鹤楼、鹦鹉洲、头陀寺最为著名。南宋时姜夔客居夏口,在《清波引·冷云迷浦》小序中,也特别提到"鹦鹉之草树""头陀、黄鹤之伟观","无一日不在心目间。胜友二三,极意吟赏"。

宋人陆游于乾道六年(1170年)在《入蜀记》中写道:"回望堤上,楼阁重复,灯火歌呼,夜分乃已。"①"贾船客舫,不可胜计,衔尾不绝者数里。"②"民居市肆,数里不绝。其间复有巷陌,往来憧憧如织。盖四方商贾所集,而蜀人为多。"③"市邑雄富,列肆繁错,城外南市亦数里,虽钱塘、建康不能过,隐然一大都会也。"④ 宋人范成大于淳熙丁酉岁(1177年)八月路过今武汉时写道:"泊鹦鹉洲前南市堤下,南市在城外,沿江数万家,廛闬甚盛,列肆如栉,酒垆楼栏尤壮丽,外郡未见其比。盖川广荆襄淮浙贸迁之会,货物之至者无不售,且不问多少,一日可尽。"⑤ 宋人胡寅曾在《登南纪楼》诗中描写汉阳城外市井时写道:"平时十万户,鸳瓦百贾区。夜半车击毂,差鳞衔舳舻。"⑥

到元代武汉地区已明确出现"双城"一词。元代诗人余阙在咏汉阳《秋兴亭》一诗中,把武昌、汉阳称为双城,写道:"涉江登危榭,引望二川流。双城共临水,两岸起飞楼。"⑦"双城"一词的出现,显示了武昌、汉阳由单称到合称的趋势。

---

① 蒋方:《入蜀记校注》,武汉:湖北人民出版社,2004年版,第163页。
② 蒋方:《入蜀记校注》,武汉:湖北人民出版社,2004年版,第150页。
③ 蒋方:《入蜀记校注》,武汉:湖北人民出版社,2004年版,第160页。
④ 蒋方:《入蜀记校注》,武汉:湖北人民出版社,2004年版,第150页。
⑤ 范成大:《吴船录》,上海:上海古籍出版社,2024年版,第304页。
⑥ 胡寅:《斐然集》,北京:中华书局,1998年版,第23页。
⑦ 转引自王汗吾:《"大武汉"一词的历史渊源》,《武汉文史资料》2023年第9期。

四、明清时期武汉三镇鼎立

武汉三镇在历史上形成的时序为江北（汉阳）先于江南（武昌），而汉口在明代以前，不过是毗连汉阳的一个荒芜的河曲地带。元代武昌、汉阳均属湖广行省，鄂（武昌）汉（汉阳）并称，是为双城。"汉口"一词始见于《南史》，即上面已经提到的汉口城，但当时的汉口城在今汉阳，而不是今汉口。今天的汉口是后起的城，明代完成淤积形成大片陆地后才得以形成。

明宪宗成化初年，汉水改道入江，汉口始形成市集。随着汉水改道，武昌和汉阳两府城失去江港优势，商贸活动逐渐转移到了汉水两岸。1506年，汉口被定为漕粮交兑口岸，后又诏准衡、永、荆、岳及长沙等地的漕粮全在汉口交兑，汉口由此而成为湖广漕粮储存、转运的中心。

水运之便促使汉口商业及转口贸易日益繁盛，至明万历时，汉口镇与景德镇、佛山镇、朱仙镇并称全国四大名镇。当时汉口货物山积，居民填溢，商贾辐辏，成为全国性水陆交通枢纽和中国内河最大港口，故有"货到汉口活"一说，有"十里帆樯依市立，万家灯火彻宵明"诗句状其景，享有"楚中第一繁盛处"的美誉。明万历元年（1573年），姚弘谟作《重修晴川阁记》，首次使用"武汉"一词合指武昌府武昌城和汉阳府汉阳城。他说："岁时以职事走会同，酬应仓卒，倏来旋往，则武汉之胜迹，亦莫得而恣其观游焉。"① 至此，"武汉"一词正式出现。

汉水改道入江，虽然有利于水运的发展，但每到夏天涨水之际，

---

① 武汉市地方志办公室：《明万历汉阳府志校注》，武汉：武汉出版社，2007年版，第210页。

江水漫溢，人们无法安居。明崇祯八年（1635年），汉阳通判袁焻创筑城堤（上起硚口，下迄堤口）以障水患。此后，居民日增，到清仁宗嘉庆时，汉口居民已达36929户，129183人。但汉口在很长一段时间里一直隶于汉阳县，因此，早期的"武汉"概念仍是武昌、汉阳双城的合称。如清道光二年（1822年）范锴所著《汉口丛谈》"遂陷武汉等郡"一句，即指武昌、汉阳等郡（府），汉口是称不上郡（府）的。咸丰年间，湖北巡抚胡林翼在其奏章、函牍中常用"武汉"两字，如"武汉为荆襄咽喉""若使武汉克复""武汉两城对峙"等等，显然也是指武昌、汉阳（当时的汉阳当然也包括了汉口在内）两地。

明代《江汉揽胜图》　　来源：武汉博物馆

至清代，汉阳城北形成汉口镇，持续1000多年的双城格局已经转变为三镇鼎立格局，清乾隆时期的《汉阳府志》说道："夫汉镇非都会，非郡邑，而人烟数十里，行户数千家，典铺数十座，船泊数千万，九州诸人名镇皆有让焉。"[①] 刘献廷《广阳杂记》称："天下有四聚，北则京师，南则佛山，东则苏州，西则汉口。"[②] 清初至清中期，横跨亚欧大陆的"中俄茶叶之路"出现，源头就在汉口，汉口茶叶出口额居全球第一，汉口被欧洲人誉为"茶叶港"和"世界茶叶贸易之都"。1858年8月26日，中英《天津条约》签订，增辟汉口为通商口岸。

---

① 姚传刚、童锦群、郑立宏：《乾隆汉阳府志》，武汉：武汉出版社，2014年版，第151页。

② 刘献廷：《广阳杂记》，北京：中华书局，1957年版，第193页。

1861年3月20日，勘定租界地458亩，次日签订租约，是为汉口开外国租界之始。此后，又开辟了德、俄、法、日四国租界，汉口开始了由传统商业市镇向近代都会的转型。以英国为首的各国外商于此经营长江航运和茶叶等农产品出口业务，汉口的对外贸易与上海并驾齐驱。

汉口的独立地位是在光绪二十五年（1899年）才确立的，当时清廷调两广总督张之洞改任湖广总督，他奏请阳、夏分治，改汉口同知为抚民同知，分汉阳汉水以北地段，北至滠口，西至硚口，拨归同知

武昌、汉口鸟瞰图（1739—1862年间）
来源：搜狐网

管辖，立名曰"夏口厅"。张之洞在湖广主政期间大力推行洋务运动，在汉阳，创建了以汉阳铁厂、汉阳兵工厂为代表的我国最早的钢铁国防工业企业，刺激了武汉近代工业的兴起和城市商品经济的发展；在武昌，开近代教育先河，大力兴办自强学堂、两湖书院等新式学堂；在汉口，将汉口的面积扩大了几十倍，使汉口真正变成了"大汉口"。张之洞在其督鄂的18年里，奠定了武汉门类齐全的近代工业体系，使武汉成为中国内陆地区首要的经济中心而闻名中外。

五、现代武汉城市变迁

民国初年，改同知为知事，易厅为县，于是便有了夏口县。当时，武昌（江夏）、汉阳、汉口（夏口）仍以各自名称为主，而且各有隶属，如清末时江夏属武昌府，汉阳、夏口属汉阳府，民初夏口属江汉道，故未形成统一的行政建制。在历史上，亦有将汉阳、汉口联称为"阳夏"，将武昌、汉阳联称为"武阳"，将武昌、汉阳、汉口联称为"武阳夏"者。20世纪初叶的10年间，汉口成为中国第二大对外通商口岸、第二大金融中心和工商业都会，形成"驾乎津门，直逼沪上"之势。从此，"东方芝加哥"名扬四海。

1911年10月10日辛亥革命在武昌爆发，在此首创中华民国。民国元年（1912年），改江夏县为武昌县，废汉阳府留汉阳县，改夏口厅为夏口县。1914年，同属江汉道。据1920年5月16日《日日新闻》，当时汉口人口为40万，汉阳人口为8万，武昌人口为31万。1924年，湖北省在武昌设立市政筹备处。

1926年秋，国民革命军攻克武汉，划武昌县城区为武昌市，划夏口县城区为汉口市（辖汉阳县城区）。1927年1月，国民党中央临时联席会议宣布，国民政府在汉口开始办公，武昌、汉口、汉阳三镇合为京兆区，定名"武汉"，作为中华民国临时首都。4月16日，武汉市政委员会成立，武昌市政厅撤销，三镇首次统一行政建制。1929年武汉分治，武昌、汉阳县城划出，汉口仍为特别市。1931年，行政院改组汉口特别政府为汉口市政府，隶属湖北省政府，湖北省政府组建武昌市政委员会。1931年4月，武昌市政委员会改为武昌市政筹备处。1945年抗日战争胜利，武汉光复。1946年10月1日，武昌市政府成立，市辖区域面积66平方公里，人口17.64万左右，市区范围东北至任家路，西南至白沙洲，东南至洪山口，西北至长江中线，辖中正、大朝街、宾阳、粮道街、胡林翼路、积玉桥、金白洲、徐家棚8个镇公所。同年12月1日，改镇公所为区，汉阳城区划归武昌市管辖。1949年5月16日上午，中国人民解放军第四野战军一一八师解放汉口。17日，四野一五三师从葛店进入武昌市区，武昌解放；同日，江汉军区独一旅从蔡甸进入汉阳城区，汉阳解放。24日，武汉市人民政府成立。次日，中国共产党武汉市委员会正式成立。政务院将汉口、武昌、汉阳（县府所在地及邻近地区）合并为武汉市（原汉阳县

武汉国民政府旧址　来源：张斌摄

治所迁至蔡甸，保留县的建制），武汉市人民政府设在汉口。至此，武汉三镇才名副其实地合三为一。

现代武汉三镇　来源：张斌摄

1950年，武汉市改由中南军政委员会领导，中南军政委员会驻汉口。1953年，武汉市由中南行政委员会领导，并为中南行政委员会驻地。1954年，武汉市改为湖北省辖的省会城市。1960年，撤销通城县，并入崇阳县；撤销嘉鱼县，并入武昌县；撤销蒲圻县，并入咸宁县；撤销云梦县，并入安陆县，武汉辖12县。

1961年，将孝感、应山、大悟、黄陂、汉阳、武昌、汉川、咸宁、应城、通山、崇阳、安陆等12县划归孝感专区。1979年，原属咸宁地区的武昌县（驻纸坊镇）和原属孝感地区的汉阳县（驻蔡甸镇）划归武汉市管辖。1983年8月19日，国务院批准将孝感地区的黄陂县、黄冈地区的新洲县划归武汉市。1984年，设立武汉市汉南区；同年5月，武汉市被中共中央、国务院批准为经济体制综合改革试点城市、计划单列市。1992年9月12日，民政部批准撤销汉阳县，设立武汉市蔡甸区，区人民政府驻蔡甸镇。1995年3月28日，国务院批准撤销武昌县，设立武汉市江夏区，区人民政府驻纸坊镇。1998年9月15日，国务院批准撤销黄陂县、新洲县，设立武汉市黄陂区、新洲区。至此，武汉市下辖13个行政区。

武汉市现在是湖北省辖市、省会、副省级市、超大城市，国家发改委支持建设的国家中心城市，国务院批复确定的中国中部地区的中心城市，全国重要的工业基地、科教基地和综合交通枢纽，中国人

百年江汉关　来源：张斌摄

民解放军联勤保障部队机关驻地。全市下辖13个区，总面积8569.15平方公里。2023年末，武汉市常住人口1377.40万。武汉市地处江汉平原东部、长江中游，长江及其最大支流汉水在此交汇，形成武汉三镇（武昌、汉口、汉阳）隔江鼎立的格局，市内江河纵横、湖港交织，水域面积约占全市总面积四分之一，被评为国际湿地城市。武汉作为中国经济地理中心，素有"九省通衢"之称，是中国内陆最大的水陆空综合交通枢纽、长江中游航运中心，其高铁网辐射大半个中国，是

华中地区唯一可直航全球五大洲的城市。武汉市是长江经济带核心城市、中部崛起战略支点、全面创新改革试验区，正加快建成以全国经济中心、高水平科技创新中心、商贸物流中心和国际交往中心四大功能为支撑的国家中心城市。

从赤壁之战到赤壁古战场

三国是一个豪杰并起、英雄辈出的时代。从黄巾起义敲响东汉王朝的丧钟起，中国历史再次陷入战乱和分裂。波澜壮阔的争霸战争在华夏大地的四面八方展开，社会各阶层都被卷入大动荡的浪潮之中。"名豪大侠，富室强族，飘扬云会，万里相赴。"这样一个金戈铁马、风云际会的时代，将曹操、刘备、孙权、诸葛亮以及关羽、张飞、周瑜等众多英雄人物汇集到历史舞台中心①。他们或以文治武功割据为王，或以智术谋略运筹帷幄，或以超绝武艺纵横驰骋，或以忠肝义胆献身大义，或以卓荦不群为人仰慕，其精神气质和行为方式都在中国历史上留下了鲜明的印记。他们也各自以独特的经历谱写了那个时代雄浑悲壮的英雄史诗，成为千古流传的不朽传奇。湖北是魏、蜀、吴三国必争之地，是三国历史发展的中心地带。赤壁之战、夷陵之战、荆州争夺战、西晋灭吴之战等三国时期重大战役都发生在湖北。曹操、刘备、孙权、诸葛亮、关羽、周瑜等一大批三国历史人物曾活跃在荆楚大地，在湖北留下了大量与三国相关的文化遗迹。据统计，湖北境内发现的三国时期古遗址、古墓葬共有247处，包括古遗址86处，古墓葬161处，其中武汉、荆州、宜昌、襄阳、鄂州、咸宁、荆门等七个城市有较多的三国遗迹。而在众多的三国遗迹中，以武汉黄鹤楼，荆州古城、关帝庙，襄阳古隆中、襄阳城，宜昌猇亭，当阳关陵，赤壁古战场等景点闻名于全国。那些卓尔不凡的名士、文武兼备的诸侯，以及英武伟岸的将军，许多都在武汉地区留下了足迹。武汉经开区的军山曾是孙刘联军与曹魏军队对峙的战场，有大量关于三国

---

① 武汉市文化和旅游局编，杨相卫主编：《武汉历史文化概览》，武汉：武汉出版社，2022年版，第163页。

人物的遗迹和传说，其得名更是与三国历史文化有关。

一、赤壁之战的历史记载

汉建安十三年（208年）十二月，曹操、刘备和孙权三大集团发生了一次大战，史称赤壁之战。这场战争发生在长江中游，曹操在有利形势下，轻敌自负，指挥失误，终致战败。孙权、刘备在强敌进逼关头，结盟抗战，扬水战之长，巧用火攻，终以弱胜强。它是三国时期三大战役中最为著名的一场，初步奠定魏、蜀、吴三足鼎立的局面，是中国历史上第一次大规模的长江水上战役，创造了中国军事史上以弱胜强的著名战例。

（一）《三国志》关于赤壁之战的主要记载

关于赤壁之战，《三国志》分别从魏、蜀、吴三个角度做了记载，其中《蜀书·诸葛亮传》记载如下：

先主至于夏口，亮曰："事急矣，请奉命求救于孙将军。"时权拥军在柴桑，观望成败，亮说权曰："海内大乱，将军起兵据有江东，刘豫州亦收众汉南，与曹操并争天下。今操芟夷大难，略已平矣，遂破荆州，威震四海。英雄无所用武，故豫州遁逃至此。将军量力而处之：若能以吴、越之众与中国抗衡，不如早与之绝；若不能当，何不案兵束甲，北面而事之！今将军外托服从之名，而内怀犹豫之计，事急而不断，祸至无日矣！"权曰："苟如君言，刘豫州何不遂事之乎？"亮曰："田横，齐之壮士耳，犹守义不辱，况刘豫州王室之胄，英才盖世，众士慕仰，若水之归海，若事之不济，此乃天也，安能复为之下乎！"权勃然曰："吾不能举全吴之地，十万之众，受制于人。吾计决矣！非刘豫州莫可以当曹操者；然豫州新败之后，安能抗此难乎？"亮曰："豫州军虽败于长阪，今战士还者及关羽水军精甲万人，刘琦合江夏战士亦不下万人。曹操之众，远来疲弊，闻追豫州，轻骑一日一夜行三百余里，此所谓'强弩之末，势不能穿鲁缟'者也。故《兵法》忌之，曰'必蹶上将军'。且北方之人，不习水战；又荆州之民附操者，逼兵势耳，非心服也。今将军诚能命猛将统兵数万，与豫州协规同力，破操军必矣。操军破，必北还，如此则荆、吴之势强，鼎足之形成矣。成败之机，在于今日。"权大悦，即遣周瑜、程普、鲁肃等水军三万，随亮诣先主，并力拒曹公。曹公败于赤壁，引军归邺。先主遂收江南，以亮为军师中郎将，使督零陵、桂阳、长沙三郡，调其赋税，以充军实。①

上述记载主要是写诸葛亮说服孙权与刘备结盟抗曹的过程。
《魏书·武帝纪》的记载如下：

秋七月，公南征刘表。八月，表卒，其子琮代屯襄阳，刘备屯樊。九月，公到新野，琮遂降，备走夏口。公进军江陵，下令荆州吏民，与之更始。乃论荆州服从之功，侯者十五人，以刘表大将文聘为江夏太守，使统本兵，引用荆州名士韩嵩、邓义等。益州牧刘璋始受征役，遣兵给军。十二月，孙权为备攻合肥。公自江陵征备，至巴丘，遣张憙救合肥。权闻憙至，乃走。公至赤壁，与备战，不利。于是大疫，吏士多死者，乃引军还。备遂有荆州、江南诸郡。②

《吴书·周瑜传》关于此次战役的描写最为详细：

---

① 陈寿：《三国志》，北京：中华书局，1959年版，第915—916页。
② 陈寿：《三国志》，北京：中华书局，1959年版，第30—31页。

十三年春，权讨江夏，瑜为前部大督。其年九月……刘备为曹公所破，欲引南渡江，与鲁肃遇于当阳，遂共图计，因进住夏口，遣诸葛亮诣权。权遂遣瑜及程普等与备并力逆曹公，遇于赤壁。时曹公军众已有疾病，初一交战，公军败退，引次江北。瑜等在南岸。瑜部将黄盖曰："今寇众我寡，难与持久。然观操军船舰首尾相接，可烧而走也。"乃取蒙冲斗舰数十艘，实以薪草，膏油灌其中，裹以帷幕，上建牙旗，先书报曹公，欺以欲降。又豫备走舸，各系大船后，因引次俱前。曹公军吏士皆延颈观望，指言盖降。盖放诸船，同时发火。时风盛猛，悉延烧岸上营落。顷之，烟炎张天，人马烧溺死者甚众，军遂败退，还保南郡。备与瑜等复共追。曹公留曹仁等守江陵城，径自北归。①

（二）《资治通鉴》关于赤壁之战的记载

司马光是我国历史上著名的史学家。他在刘恕、刘攽、范祖禹等人的协助下，用了十九年的时间，编成了共二百九十四卷、长达三百多万字的编年体通史《资治通鉴》，记载了从战国到五代一千余年间的史事。《资治通鉴》全书的材料取舍以严谨著称，叙事条理清楚，文笔简洁流畅，是一部有价值的历史书，也是一部优秀的文学巨著。该书关于赤壁之战的记载如下：

初，鲁肃闻刘表卒，言于孙权曰："荆州与国邻接，江山险固，沃野万里，士民殷富，若据而有之，此帝王之资也。今刘表新亡，二子不协，军中诸将，各有彼此。刘备天下枭雄，与操有隙，寄寓于表，表恶其能而不能用也。若备与彼协心，上下齐同，则宜抚安，与结盟好；如有离违，宜别图之，以济大事。肃请得

---

① 陈寿：《三国志》，北京：中华书局，1959年版，第1260—1263页。

奉命吊表二子，并慰劳其军中用事者，及说备使抚表众，同心一意，共治曹操，备必喜而从命。如其克谐，天下可定也。今不速往，恐为操所先。"权即遣肃行。

到夏口，闻操已向荆州，晨夜兼道，比至南郡，而琮已降，备南走，肃径迎之，与备会于当阳长坂。肃宣权旨，论天下事势，致殷勤之意，且问备曰："豫州今欲何至？"备曰："与苍梧太守吴巨有旧，欲往投之。"肃曰："孙讨虏聪明仁惠，敬贤礼士，江表英豪，咸归附之，已据有六郡，兵精粮多，足以立事。今为君计，莫若遣腹心自结于东，以共济世业，而欲投吴巨，巨是凡人，偏在远郡，行将为人所并，岂足托乎！"备甚悦。肃又谓诸葛亮曰："我，子瑜友也。"即共定交。子瑜者，亮兄瑾也，避乱江东，为孙权长史。备用肃计，进住鄂县之樊口。

曹操自江陵将顺江东下。诸葛亮谓刘备曰："事急矣，请奉命求救于孙将军。"遂与鲁肃俱诣孙权。亮见权于柴桑，说权曰："海内大乱，将军起兵江东，刘豫州收众汉南，与曹操共争天下。今操芟夷大难，略已平矣，遂破荆州，威震四海。英雄无用武之地，故豫州遁逃至此。愿将军量力而处之：若能以吴、越之众与中国抗衡，不如早与之绝；若不能，何不按兵束甲，北面而事之！今将军外托服从之名而内怀犹豫之计，事急而不断，祸至无日矣！"权曰："苟如君言，刘豫州何不遂事之乎？"亮曰："田横，齐之壮士耳，犹守义不辱，况刘豫州王室之胄，英才盖世，众士慕仰，若水之归海，若事之不济，此乃天也，安能复为之下乎！"权勃然曰："吾不能举全吴之地，十万之众，受制于人。吾计决矣！非刘豫州莫可以当曹操者；然豫州新败之后，安能抗此难乎？"亮曰："豫州军虽败于长坂，今战士还者及关羽水军精甲万人，刘琦合江夏战士亦不下万人。曹操之众，远来疲敝，闻追豫州，轻骑一日一夜行三百余里，此所谓'强弩之末，势不能穿鲁缟'者也。故《兵法》忌之，曰'必蹶上将军'。且北方之人，不习水战；又荆州之民附操者，逼兵势耳，非心服也。今将军诚能命猛将统兵数万，与豫州协规同力，破操军必矣。操军破，必北还，如此则荆、吴之势强，鼎足之形成矣。成败之机，在于今日！"权大悦，与其群下谋之。

是时，曹操遗权书曰："近者奉辞伐罪，旌麾南指，刘琮束手。今治水军八十万众，方与将军会猎于吴。"权以示臣下，莫不响震失色。长史张昭等曰："曹公，豺虎也，挟天子以征四方，动以朝廷为辞；今日拒之，事更不顺。且将军大势可以拒操者，长江也；今操得荆州，奄有其地，刘表治水军，蒙冲斗舰乃以千数，操悉浮以沿江，兼有步兵，水陆俱下，此为长江之险已与我共之矣，而势力众寡又不可论。愚谓大计不如迎之。"鲁肃独不言。权起更衣，肃追于宇下。权知其意，执肃手曰："卿欲何言？"肃曰："向察众人之议，专欲误将军，不足与图大事。今肃可迎操耳，如将军不可也。何以言之？今肃迎操，操当以肃还付乡党，品其名位，犹不失下曹从事，乘犊车，从吏卒，交游士林，累官故不失州郡也。将军迎操，欲安所归乎？愿早定大计，莫用众人之议也！"权叹息曰："诸人持议，甚失孤望。今卿廓开大计，正与孤同。"

时周瑜受使至番阳，肃劝权召瑜还。瑜至，谓权曰："操虽托名汉相，其实汉贼也。将军以神武雄才，兼仗父兄之烈，割据江东，地方数千里，兵精足用，英雄乐业，当横行天下，为汉家除残去秽；况操自送死，而可迎之邪！请为将军筹之：今北土未平，马超、韩遂尚在关西，为操后患；而操舍鞍马，仗舟楫，与吴、越争衡；今又盛寒，马无藁草；驱中国士众远涉江湖之间，不习水土，必生疾病。此数者用兵之患也，而操皆冒行之，将军擒操，宜在今日。瑜请得精兵数万人，进住夏口，保为将军破之！"权曰："老贼欲废汉自立久矣，徒忌二袁、吕布、刘表与孤耳；今数雄已灭，惟孤尚存。孤与老贼势不两立，君言当击，甚与孤合，此天以君授孤也。"因拔刀斫前奏案，曰："诸将吏敢复有言当迎操者，与此案同！"乃罢会。

是夜，瑜复见权曰："诸人徒见操书言水步八十万而各恐慑，不复料其虚实，便开此议，甚无谓也。今以实校之，彼所将中国人不过十五六万，且已久疲；所得表众亦极七八万耳，尚怀狐疑。夫以疲病之卒、御狐疑之众，众数虽多，甚未足畏。瑜得精兵五万，自足制之，愿将军勿虑！"权抚其背曰："公瑾，卿言至此，甚合孤心。子布、元表诸人，各顾妻子，挟持私虑，深失所望；独卿与子敬与孤同耳，此天以卿二人赞孤也。五万兵难卒合，已选三万人，船粮战具俱办。卿与子敬、程公便在前发，孤当续发人众，多载资粮，为卿后援。卿能办之者诚决，邂逅不如意，便还就孤，孤当与孟德决之。"遂以周瑜、程普为左右督，将兵与备并力逆操；以鲁肃为赞军校尉，助画方略。

....

进，与操遇于赤壁。

时操军众已有疾疫，初一交战，操军不利，引次江北。瑜等在南岸，瑜部将黄盖曰："今寇众我寡，难与持久。操军方连船舰，首尾相接，可烧而走也。"乃取蒙冲斗舰十艘，载燥荻枯柴，灌油其中，裹以帷幕，上建旌旗，豫备走舸，系于其尾。先以书遗操，诈云欲降。时东南风急，盖以十舰最著前，中江举帆，余船以次俱进。操军吏士皆出营立观，指言盖降。去北军二里余，同时发火，火烈风猛，船往如箭，烧尽北船，延及岸上营落。顷之，烟炎张天，人马烧溺死者甚众。瑜等率轻锐继其后，雷鼓大震，北军大坏。操引军从华容道步走，遇泥泞，道不通，天又大风，悉使羸兵负草填之，骑乃得过。羸兵为人马所蹈藉，陷泥中，死者甚众。刘备、周瑜水陆并进，追操至南郡。时操军兼以饥疫，死者太半。操乃留征南将军曹仁、横野将军徐晃守江陵，折冲将军乐进守襄阳,引军北还。①

司马光将原来散见于《三国志》的《武帝纪》《吴主传》《鲁肃传》《周瑜传》《蜀先主传》和《诸葛亮传》等传注之中关于赤壁之战的材料收集在一起,经过编排和润色,写成了这则关于赤壁之战的优秀历史散文。文章详细记载了赤壁之战的全过程,其中尤以战前准备为主。文章多用人物对话表现战略决策的过程,揭示了当时各方面临的形势,也从中表现了每个人物战略眼光的高低。

由此可见赤壁之战共分三个阶段。

第一阶段:火烧赤壁。208年9月,曹操攻占南郡,水陆大军20余万浮江东下。此时,孙权决定与刘备联合,周瑜与刘备合兵夏口,水陆兵力共约5万。10月,曹军前锋部队与孙刘联军前哨部队在今武汉市西南江夏区金口镇附近长江江面遭遇,孙刘联军部署于江南赤矶诸山以及江北纱帽山、大军山、小军山。诸葛亮、鲁肃、周瑜等估计的曹军弱点全部暴露,曹军始以铁链连接舰船首尾,停靠长江北岸,一字排开,绵延数十里,并于北岸扎营,在乌林设大本营。敌众我寡,孙刘联军必须速战速决,于是黄盖诈降,从赤壁出发,火攻曹军战船,"时东南风急",大火延烧至岸上营寨,"人马烧溺死者甚众,军遂败退,还保南郡"②。

第二阶段:夺取乌林大营。紧接着,"备与瑜等复共追"③,孙刘联军水陆两路出动,乘胜跟踪追击,直捣曹军大本营乌林,夺取曹操大营。攻击乌林时,乌林对岸的"武赤壁"应该也是孙刘联军的据点。赤壁之战不是发生在一个点,而是发生在沿江一条线上。所以"武赤壁"也是整个赤壁之战的一个组成部分,乌林决战才是整个赤壁之战的核心和关键。我们现在通称这次大战为赤壁之战,其实在早

---

① 司马光:《资治通鉴》,北京:中华书局,1956年版,第2087—2093页。
② 陈寿:《三国志》,北京:中华书局,1959年版,第1263页。
③ 陈寿:《三国志》,北京:中华书局,1959年版,第1263页。

期的史料中,大多时候称其为"乌林之役"。如《三国志·吴书》就称之为"乌林之役"。《三国志》的《鲁肃传》《程普传》《甘宁传》《吕蒙传》等也都说"破曹公于乌林"。因为打下曹操大营,曹操彻底失败退走,战争才取得了决定性胜利,从中我们可以了解到东吴官方对这场大战的认识。所以,从严格意义上讲,将赤壁之战称为乌林之战更为准确一些。这样说来,乌林对面的"武赤壁"确实也担得起赤壁之战主战场之名,只是并非"火烧赤壁"的地点而已。

第三阶段:败退华容道。乌林大营失守,曹操尽焚江上残余战船和巴丘湖曹由洲上的后援舰队,自乌林沿华容道由陆路撤回江陵,又"留曹仁等守江陵城,径自北归"[①]。至此,赤壁之战结束。孙刘联军又水陆并进,继续追杀至南郡,这是后话。

二、武汉经开区与赤壁古战场

赤壁之战为第一次在长江干流上进行的大规模水上战役,是孙、曹、刘各家都派出主力参加的唯一一场战事。正因为战事对历史的影响太大,所以历代学者都在寻找赤壁古战场到底在哪里。关于赤壁之战的战场在何地,众说纷纭,莫衷一是,仅湖北省内就出现了5个赤壁,分别是汉阳赤壁、汉川赤壁、武昌赤壁、蒲圻赤壁和黄州赤壁,当地人都自称该地是赤壁之战的战场。那么,当年的大战究竟发生在哪一个赤壁呢?本书认为,赤壁之战,曹操与孙刘联军双方兵员不下二十万人,战场相当广阔,包括从武汉江夏到蒲圻的江面和江岸,因此这一地带均为赤壁大战的战场。同时从泛武汉的地理视角上看,蒲圻也在古江夏郡、鄂州、武昌府辖区内,赤壁大战发生在蒲圻、江夏,均在武汉地区范围内。因此,无论是蒲圻赤壁、江夏赤矶山,还

---

① 陈寿:《三国志》,北京:中华书局,1959年版,第1263页。

是武汉经开区大军山、小军山、百人山等，都应该是赤壁古战场。

（一）从战争目的来看，主要是争夺夏口军事要地

赤壁之战的主要争夺之地在夏口。前面已经介绍过，当时的夏口处在汉江与长江交汇之处，由于夏、沔二水合流，自此以下的汉水河道亦兼称为夏水，故其入江之口称作夏口，是扼守长江和汉江天险的军事要塞。

对于曹魏集团来说，要想统一全国，就必须消灭盘踞在荆州的割据势力刘表，而刘表东部主力部队就驻扎在夏口，曹操南征的目的是拿下夏口。陈寿在《三国志·魏书·武帝纪》中写道："秋七月，公南征刘表。八月，表卒，其子琮代，屯襄阳，刘备屯樊。九月，公到新野，琮遂降，备走夏口。……十二月……公自江陵征备，至巴丘……公至赤壁，与备战，不利。于是大疫，吏士多死者，乃引军还。"①《三国志·蜀书·先主传》载："先主斜趋汉津，适与羽船会，得济沔，遇表长子江夏太守琦众万余人，与俱到夏口。……权遣周瑜、程普等水军数万，与先主并力，与曹公战于赤壁，大破之，焚其舟船。"② 由"备走夏口"来看，夏口是曹操南征刘备的主要目标之一。《三国志·魏书·文聘传》写道："授聘兵，使与曹纯追讨刘备于长阪。太祖先定荆州，江夏与吴接，民心不安，乃以聘为江夏太守，使典北兵，委以边事，赐爵关内侯。"③ 三国时期，夏口在整个荆州范围内具有举足轻重的政治、军事、经济、文化地位。东汉末年，荆州刺史刘表任命大将黄祖为江夏太守，以便有效地控制长江中游的水运交通，阻击孙氏船队对荆州的入侵。黄祖军队就驻扎在汉水与长江汇合处的夏口城，并在龟山南麓筑却月城。该城北倚龟山，南临汉水，紧扼汉水入江的交通要道，在军事上有着重要的屏障作用。曹操七月出

---

① 陈寿：《三国志》，北京：中华书局，1959年版，第30—31页。
② 陈寿：《三国志》，北京：中华书局，1959年版，第878页。
③ 陈寿：《三国志》，北京：中华书局，1959年版，第539页。

军，八月刘表死，九月刘琮降，应该是兵不血刃的胜利。目的达到，应该可以得胜还朝，但刘备不降，且正在向江陵进发，而江陵是刘表经营荆州的战略后方和物资储备中心，刘备本已深受荆州士民的爱戴，如得此重地，振臂一呼，荆州为刘备所有，可以一日易帜，南征胜利便化为灰烬，所以阻止刘备占领江陵，当是重中之重。况且，赤壁之战前，刘备、刘琦进驻的夏口，已和柴桑（今江西省九江市）的孙权相当靠近，一旦刘、孙联合，曹操统一全国的目标便很难实现。因此，争夺夏口便是曹操征讨的目标。

而对于孙权来说，荆州更是孙吴集团统一江东六郡后进行领土扩张的最好对象，希望以此形成以长江为天堑的江南半壁江山，造就诸侯割据最有利的宏图大业。孙吴将其重心放在中游的荆州，是早已确定的目标。《江表传》说，曹操早在取得官渡之战胜利后，就下命令要孙权送子为人质。周瑜认为不能送，周瑜说："昔楚国初封于荆山之侧，不满百里之地，继嗣贤能，广土开境，立基于郢，遂据荆扬，至于南海，传业延祚，九百余年。今将军承父兄余资，兼六郡之众，兵精粮多，将士用命，铸山为铜，煮海为盐，境内富饶，人不思乱，泛舟举帆，朝发夕到，士风劲勇，所向无敌，有何逼迫，而欲送质?"① 鲁肃也说："夫荆楚与国邻接，水流顺北，外带汉江，内阻山陵，有金城之固，沃野万里，士民殷富，若据而有之，此帝王之资也。"② 为征荆州，孙、刘曾有过多次战争。初平二年（191年）孙坚征荆州刘表，与刘表部将黄祖战于襄阳，单马追击黄祖于岘山，为埋伏于此地的黄祖士兵射杀，死时孙坚年仅36岁，孙坚长子孙策只有16岁，次子孙权仅9岁。后来刘表又任命黄祖为江夏郡太守，专门对付孙吴对荆州的攻击。黄祖所在的夏口不仅是一个十分重要的军事要塞，而且是一座重要的商贸中心和港口城市。如果这一地方落入曹氏

---

① 陈寿：《三国志》，北京：中华书局，1959年版，第1261页。
② 陈寿：《三国志》，北京：中华书局，1959年版，第1269页。

集团之手,孙吴集团图谋长江上中游的计划将被彻底打乱。

对刘备而言,他要图谋大业,当务之急是要找一个安身之处,除了荆州,他别无选择,而荆州北有曹操的围追堵截,东有孙吴集团的虎视眈眈,荆州安危又很大程度系于刘表部队所在的夏口能否守住。

有学者甚至认为,发生在建安十三年(208年)十二月的这场战争,包括曹操、刘备、孙权以及周瑜、诸葛亮、黄盖,这些战争的决策者、参与者,无一例外皆以夏口作为大战的目的地,因此,称之为"夏口之战"更能反映历史的真实情况,赤壁只是战役所在地。赤壁之战后,曹操一统天下的美梦破灭;孙权独霸东南,称雄吴越;刘备以荆、益为范围,成为与曹、孙并列的势力。一场战争,三分天下,这凸显了夏口极端重要的军事战略地位。

赤壁之战曹军、孙刘联军进退军路线图
来源:武汉经开区融媒体中心

凡《三国志》正文记载的,刘备从当阳撤退进驻的都是夏口,而事先刘琦、关羽驻扎的也是夏口[①]。周瑜所部自柴桑沿江西上,先在夏口会合刘备所部,然后才与曹军交锋。夏口是孙刘联军的大本营。因此赤壁之战就是魏、蜀、吴围绕荆州和夏口军事要塞展开的战争,战

---

① 陈寿:《三国志》,北京:中华书局,1959年版,第878页。

场就在今江夏区和汉阳区境内长江两岸,其战争的核心地区就是夏口,广义的"夏口"泛指今武汉地区,当然也包括今天的武汉经开区。

(二)从战争规模来看,投入军力近三十万

第一,曹操的兵力。建安十三年(208年)八月,曹操进军江陵。十二月,统率大军水陆并进,顺流而下,号称八十三万,气势汹汹,要"会猎于吴"。《三国志》裴注引《江表传》记载曹操赤壁之战之前有给孙权一封书信,信中称曹军有八十万①,此实乃虚数。史载曹操建安十三年(208年)九月,"入荆州,刘琮举众降,曹公得其水军"②。不用说,这里的水军就是曹操招收的刘琮数万水军。根据史书记载:刘琮投降曹操的军队为七万多人,水军占多数,四万余人。曹操的全部中原部队十五六万人,新收降的刘表军七万多人,所以曹操当时的军队合计约二十三万人。也有人认为,曹操带来南征的北方军队也就二十多万,然后收编的南方军队顶多也就七万,曹操就算把这些军队全部都投入赤壁之战,也就三十万左右。

第二,孙权的兵力。《三国志·吴书·周瑜传》记载,周瑜在向孙权汇报完战争形势分析和计划时说:"将军擒操,宜在今日。瑜请得精兵三万人,进住夏口,保为将军破之。"③《三国志·蜀书·先主传》载:"权遣周瑜、程普等水军数万,与先主并力,与曹公战于赤壁,大破之,焚其舟船。"④可见,孙权派给周瑜用于同曹军直接作战的部队在三万人左右。另外,估计孙权自己还带领着两万人左右的战略预备队,位于周瑜的后方。孙权经过分析认为可以一战,于是派周瑜等从江夏溯江而上,准备迎战曹军。

第三,刘备的兵力。《三国志·蜀书·诸葛亮传》记载诸葛亮语:

---

① 陈寿:《三国志》,北京:中华书局,1959年版,第1118页。
② 陈寿:《三国志》,北京:中华书局,1959年版,第1261页。
③ 陈寿:《三国志》,北京:中华书局,1959年版,第1262页。
④ 陈寿:《三国志》,北京:中华书局,1959年版,第878页。

"今战士还者及关羽水军精甲万人，刘琦合江夏战士亦不下万人。"①但这个说法明显是为了在同盟面前提高自己的身价，以获得同等话语权，所以其水分不少。又据《江表传》记载，刘备"将二千人与羽、飞俱"。先从战前的形势说起，刘表基本全据荆州，北部曹操占据一小部分，刘备驻扎在新野，孙权杀黄祖，叩开荆州东门，占据江夏数县，刘琦成为继承人出镇江夏。建安十三年（208年）秋，曹操开始统兵南征，随后刘表因病去世，刘备一万多人南下准备去江陵，同时关羽率领水军沿汉水前往江陵，曹操率五千精锐骑兵，昼夜追击三百余里，在当阳长坂坡追上刘备，大战一场，损失数千人马，刘备带数十人前往汉水渡口，遇到关羽的水军，也顾不上抢夺江陵物资，直接去江夏会合刘琦，刘琦率一万多人镇守江夏，关羽的水军五千余人，所以整个刘氏军队仅有一万五到两万人。

杨守敬《水经注疏》写道："……郦氏盖从《荆州记》，故分叙乌林、赤壁。于赤壁曰：'诈魏武大军所起。'于乌林曰：'败魏武处也。'或疑赤壁与乌林相去太远，不知曹操以水陆军沿江而下，声言八十万。周瑜谓'所将中国人不过十五六万，所得（刘）表众不过七八万'，是曹军亦实有二十三四万。以二十三四万之众，顺流而下，岂少少里数所能尽。盖赤壁为曹前锋所及，乌林为后军所止。及一交战，操军败退，引次江北。吴军以蒙冲斗舰数十艘，从南岸引次俱前，同时发火。大率由南而北，非尽由下而上也。是此注所据，于当时军势至合。"② 这一大段论证结合了《三国志》有关赤壁之战的记载，分析了当年曹军与孙刘联军的态势和战斗规模，曹军有二十三四万，这样多的人马，水陆并进，在短距离里是容不下、展不开的，从而认为江夏赤壁说最合乎当年的军事形势。

---

① 陈寿：《三国志》，北京：中华书局，1959年版，第915页。
② 杨守敬、熊会贞：《水经注疏》，南京：江苏古籍出版社，1989年版，第2890页。

在赤壁之战中，曹操与孙刘联军双方兵员近三十万人，双方在长江赤壁附近遭遇，交战的方式就是水军对水军，其战线绝对是很长的，战场相当广阔，不是只在赤壁或江夏的一个山头上，而是陈兵于从今武汉市江夏区到赤壁市的广阔江面和江岸。以此判断，应该是西起乌林东至樊口（今鄂州）的一百七十多公里的长江流域地区，而其中有近七十公里在武汉经开区。大军山、小军山及其附近区域，都有孙刘联军与曹军的营地，双方时常进行拉锯战争，攻守形势经常发生变化，这一地带均为广义的赤壁大战的战场。

（三）从战争过程来看，经历了吴诈降与曹败走

赤壁之战发生在东汉建安十三年（208年）末。从谋略上讲，在这场战争中，诸葛亮、周瑜和黄盖等人定下了一串连环计，环环相扣，经历了从最初的黄盖诈降到最终的曹操败走的过程，这两个重要环节涉及的人物、事件和地点都应关注。

赤壁之战如何打？关键人物是黄盖，黄盖向曹军假投降，乘其不备，突然袭击，发动火攻，由此揭开了赤壁之战的序幕。《三国志·吴书·周瑜传》写道："瑜部将黄盖曰：'今寇众我寡，难与持久。然观操军船舰首尾相接，可烧而走也。'乃取蒙冲斗舰数十艘，实以薪草，膏油灌其中，裹以帷幕，上建牙旗，先书报曹公，欺以欲降。又预备走舸，各系大船后，因引次俱前。曹公军吏皆延颈观望，指言盖降。盖放诸船，同时发火。时风盛猛，悉延烧岸上营落。顷之，烟炎张天，人马烧溺死者甚众，军遂败退，还保南郡。备与瑜等复共追。曹公留曹仁等守江陵城，径自北归。"①《三国志·吴书·周瑜传》裴注引《江表传》对黄盖诈降作了有声有色的记述："至战日，盖先取轻利舰十舫，载燥荻枯柴积其中，灌以鱼膏，赤幔覆之，建旌旗龙幡于舰上。时东南风急，因以十舰最著前，中江举帆，盖举火白诸校，

---

① 陈寿：《三国志》，北京：中华书局，1959年版，第1262—1263页。

使众兵齐声大叫曰：'降焉！'操军人皆出营立观。去北军二里余，同时发火，火烈风猛，往船如箭，飞埃绝烂，烧尽北船，延及岸边营柴。瑜等率轻锐寻继其后，雷鼓大进，北军大坏，曹公退走。"① 由此可见，火攻长江以北曹军主力，是黄盖献的计，并且是由他亲自完成的。应该说赤壁之战的真正英雄是黄盖！而黄盖又与夏口有不解之缘，因夏口最主要的军港兼商港便以他的姓氏命名。郦道元在《水经注》中写道："江之右岸有船官浦，历黄鹄矶西而南矣。直鹦鹉洲之下尾，江水洿曰洑浦，是曰黄军浦。昔吴将黄盖军师所屯，故浦得其名，亦商舟之所会矣。"②据上述描述分析，当年的黄军浦大约相当于武昌古鹦鹉洲以南靠近今鲇鱼套一带。这就是说，在三国时，黄盖水师大本营就在今武昌之下，水师从这里出发，过金口，仅八里就到了赤矶山。可见黄盖用十艘轻快的战船，向江北的曹军假投降，是很近便的。如果说这次奇袭不是发生在这里，而是发生在蒲圻赤壁对岸的乌林，那么就得逆大江而上溯一二百里，而且江北沿岸都有曹军，像这样舍近求远的假投降，实在是难以想象的。这也说明，江夏赤壁说比较符合《三国志》中有关赤壁之战的记载。

《水经注》载："江水左径上乌林南，村居地名也。又东径乌黎口，江浦也，即中乌林矣。又东径下乌林南，吴黄盖败魏武于乌林，即是处也。"③《水经注》记载上乌林是个村落。再往东长江又流经一个名叫乌黎口的港湾，那就是中乌林了。再往东，长江才流经乌林之南，这才是黄盖打败曹操的地方。

盛弘之所著《荆州记》说："蒲圻县沿江一百里，南岸名赤壁，周瑜、黄盖（于）此乘大舰，上破魏武兵于乌林。乌林、赤壁，其东西

---

① 陈寿：《三国志》，北京：中华书局，1959年版，第1263页。
② 郦道元：《水经注》，杭州：浙江古籍出版社，2013年版，第459页。
③ 郦道元：《水经注》，杭州：浙江古籍出版社，2013年版，第457页。

一百六十里。"① 这里所说的赤壁实际上是金口赤矶山，在乌林下游，故曰"上破""乌林"。赤壁和乌林，虽是两个地名，但只有一江之隔，所以后世称这次战役为赤壁之战或乌林之战。宋李巽《南楼记》曰："郡之西南八十里，百人山与赤壁对。"这里的赤壁是江夏赤壁而非蒲圻赤壁。

根据以上分析，黄盖诈降、赤壁大战当在江北，具体地说，也就是前面讲的距赤矶山江面只有三里多的百人山，即今汉阳纱帽山。而相传火烧赤壁，实际上烧的不是赤壁，而是纱帽山。郦道元在一千五百年前注解过的百人山、赤矶山、大军山、小军山和黄鹄山，至今依然存在，尚能确指。

这是一块西起长江边赤矶山、上乌林，东至梁子湖的龙泉山，包括蒲圻赤壁、汉阳大军山、纱帽山等在内的相当广阔范围的战场。孙刘联军的前锋在今江夏区西南丘陵地带，西起长江边的赤矶山，东至梁子湖的龙泉山，绵延一百多里，北距武昌城70里至90里不等。这时曹军主力在长江以北，上起乌林，下至汉阳大军山，绵延一二百里。在东汉时，大军山和小军山之间尚有河道，吴军在小军山，与大军山曹军隔江相对。明嘉靖本《汉阳府志》载，大、小军山就是这样得名的。在长江以南金口（涂口），双方也是隔水对峙。

（四）从地理位置来看，涉及武汉长江两岸

发生在建安十三年（208年）的赤壁之战，从时间上看，跨度长达数月；从地理上看，是跨越洪湖乌林到江夏、汉南长江沿线近两百里的一次大范围战役。

《三国志》中关于赤壁之战的记载，涉及二十多篇纪传，从中可以看出这场战争的范围相当广阔。要确定赤壁之战的大体范围，分辨其

---

① 盛弘之：《荆州记》，陈运溶、王仁俊：《荆州记九种》，武汉：湖北人民出版社，1999年版，第50页。

到底是发生在长江之上还是汉水之上,就要对曹军进军和撤退的路线做一番详细的探讨,而最可靠的文献资料,应当就是陈寿所著《三国志》及裴松之的注。

孙刘联军屯军的夏口。刘备于当阳兵败后,与接替黄祖为江夏郡太守的刘琦"俱到夏口",而周瑜为破曹请求"进驻夏口"。文聘本是刘表大将,随刘琮降后,马上得到曹操重用,被委任为江夏太守。文聘任江夏太守,割断了刘备与孙权的联系,完成对夏口二刘的压迫之势,是赤壁之战曹军的主将。陈寿评价文聘写道:"聘在江夏数十年,有威恩,名震敌国,贼不敢侵。"[1] 周瑜从柴桑出发,在赤壁遇到了曹操的水军,"初一交战,公军败退,引次江北。瑜等在南岸"。双方在长江中不期而遇,打了一场遭遇战,曹军失利,退到北岸安营扎寨。当时江北已是文聘任太守的江夏郡范围,已有陆兵接应,周瑜也不敢贸然跟踪追击,则在江南与之对峙。"初一交战",看来就是最初的遭遇战了。"公军败退,引次江北",说明曹军在这次遭遇战中败退到长江以北,可见这次遭遇战发生在长江以南。"瑜等在南岸",又补充说明了这一点。从上述的赤壁之战前双方的态势来看,当时曹军主力在江北,江南只有金口赤矶山附近有曹军,隔金水而与吴军对峙。可见《三国志·吴书·周瑜传》中所记载的"初一交战"只能发生在赤矶山一带,而距赤矶山江面仅百来里的百人山,即今汉阳纱帽山。

曹军进军和撤退路线,襄阳—江陵—赤壁—江陵。《三国志·魏书·武帝纪》:建安十三年(208年),"公至赤壁,与备战,不利。于是大疫,吏士多死者,乃引军还。备遂有荆州、江南诸郡"[2]。曹军赤壁之战大败以后退往南郡。《三国志·蜀书·先主传》:"先主斜趋汉津,适与羽船会,得济沔,遇表长子江夏太守琦众万余人,与俱到夏口。先主遣诸葛亮自结于孙权,权遣周瑜、程普等水军数万,与先主

---

[1] 陈寿:《三国志》,北京:中华书局,1959年版,第540页。
[2] 陈寿:《三国志》,北京:中华书局,1959年版,第31页。

并力,与曹公战于赤壁,大破之,焚其舟船。先主与吴军水陆并进,追到南郡,时又疾疫,北军多死,曹公引归。"①《三国志·吴书·周瑜传》载黄盖诈降成功后,顺风举火,曹军"人马烧溺死者甚众,军遂败退,还保南郡。备与瑜等共追。曹公留曹仁守江陵城,径自北归"②。《三国志·魏书·曹仁传》记载:曹操"以仁行征南将军,留屯江陵"③。《吕蒙传》《甘宁传》也都记载,他们随周瑜"破曹公于乌林,围曹仁于南郡"④。晋人所著《山阳公载记》中也记载:"公船舰为备所烧,引军从华容道步归。遇泥泞,道不通,天又大风,悉使羸兵负草填之,骑乃得过。羸兵为人马所蹈藉,陷泥中,死者甚众。"

据以上记载,我们可以大致分析曹军的行动路线:曹军主力由襄阳南下荆州,占领江陵之后,从江陵走水路东至巴丘,然后在赤壁与孙刘联军交战,为火攻所败后从华容道步行逃往江陵,留曹仁等守江陵、乐进等守襄阳,曹操径自北归。按学术界流行说法,江陵在今湖北荆州市,巴丘乃湖南岳阳,华容道在今湖北监利北,显而易见曹军是沿长江进退的。

破曹军的乌林、赤壁。南朝盛弘之《荆州记》:"蒲圻县沿江一百里,南岸名赤壁,周瑜、黄盖(于)此乘大舰,上破魏武兵于乌林。乌林、赤壁,其东西一百六十里。"⑤ 这里所说的赤壁就是金口赤矶山,在乌林下游,故曰"上破""乌林"。郦道元《水经注》中描绘了赤壁之战时的山川地貌:"江水左径百人山南,右径赤壁山北,昔周瑜与黄盖诈魏武大军处所也。"⑥ 其又曰:"江水左径上乌林南,村居地名也。又东径乌黎口,江浦也,即中乌林矣。又东径下乌林南,吴

---

① 陈寿:《三国志》,北京:中华书局,1959 年版,第 878 页。
② 陈寿:《三国志》,北京:中华书局,1959 年版,第 1263 页。
③ 陈寿:《三国志》,北京:中华书局,1959 年版,第 275 页。
④ 陈寿:《三国志》,北京:中华书局,1959 年版,第 1274 页。
⑤ 盛弘之:《荆州记》,陈运溶、王仁俊:《荆州记九种》,武汉:湖北人民出版社,1999 年版,第 50 页。
⑥ 郦道元:《水经注》,杭州:浙江古籍出版社,2013 年版,第 458 页。

黄盖败魏武于乌林，即是处也。"①他并批注"西百人山在汉阳县南八十里；大军山，汉阳县南六十里；小军山，（汉阳）县南五十里"，详细描述了大军山、小军山所处的地理方位。《水经注》又记载："江水东径大军山南，山东有山屯，夏浦，江水左迆也。江中有石浮出，谓之节度石。右则涂水注之。……江水又东径小军山南，临侧江津，东有小军浦。"②这表明，大军山之东有汉水的浦口，在夏口之西不太远处。

相传东汉赤壁之战时，黄盖带十舰领百人准备火烧赤壁，因当时没有江堤，而百人山正处江心，黄盖即掩蔽在这里纵火，烧毁了曹军主力人马，取得了战争的胜利，故山称百人山，矶名百人矶。据康熙《湖广武昌府志》记载，南宋赵卫彦力挺江夏赤壁，云："今江汉间言赤壁者五，汉阳、汉川、黄州、嘉鱼、江夏，惟江夏之说为合于史。今汉阳百人山对岸大江中，有赤矶者在。《江夏县境江图》谓之赤圻，为江夏之说者曰：'此即道元所指也。曰矶、曰圻者，壁之误耳。'尝以为乌林、赤壁二战相继，乌林之捷，又自赤壁始，不应两地悬绝如此。及观《江表志》，赤壁败后，黄盖与操作诈降书，给操以众寡不敌，交锋之日，盖为前锋，当因事变化。至战日，盖始用火攻之策，操乃败走。如此，则二战初不同日。方是时，操师八十万，首尾相接二百里，不足讶。《水经》之言为然，《后汉纪》总书乌林、赤壁，故后人指为一地。"嘉靖《汉阳府志》记载：汉阳百人山，又名百人矶、纱帽山，正面对江夏赤壁。清同治年间马征麟《长江图说》认为，三国赤壁就是赤矶山，东南距江面三里多路就是今武汉市汉南区纱帽山。《辞海》云："赤壁，①山名。（1）东汉建安十三年（208年）孙权与刘备联军败曹操军于此。即今湖北武汉市赤矶山，与纱帽山隔江相对。"③江夏赤壁，在今江夏区西的金口赤矶山，与武汉经开区的纱

① 郦道元：《水经注》，杭州：浙江古籍出版社，2013年版，第457页。
② 郦道元：《水经注》，杭州：浙江古籍出版社，2013年版，第458页。
③ 陈至立：《辞海（第七版）》彩图本，上海辞书出版社，2020年版，第562页。

帽山隔江相对。金口赤矶山西为广阔的平原和长江,北有大军山耸立,东面为绵延的山丘和高地,东北为金口的槐山矶,确实是易守难攻的险要之地。

从文献时序来看,最早出现的是江夏赤壁说。下面再从方志学的角度,把江夏赤壁说和蒲圻赤壁说做一比较。陈寿是在282年左右开始撰写《三国志》的,距赤壁之战不过70多年。429年,裴松之完成对《三国志》作注。大约又过了10年,盛弘之《荆州记》成书,最早对赤壁古战场的地理位置作出了注解,这时距《三国志》开始撰写还不到160年。就是郦道元的《水经注》成书,距《三国志》的开始撰写也只有两百几十年。而最早提出蒲圻赤壁说的《括地志》,成书于642年,比《荆州记》晚了两百多年,比《水经注》也晚了一百多年。"地近则易核,时近则迹真。"从这方面看,江夏赤壁说也是比较可信的。此外,《太平寰宇记》《读史方舆纪要》《舆地纪胜》以及白寿彝主编的《中国通史》、谭其骧主编的《中国历史地图集》和权威辞书《辞海》等重要书籍的相关记载,也说明江夏赤壁的可信。

(五) 从考古发现来看,汉阳有大量战争遗迹

从考古学角度看,武汉地区出土的三国文物很丰富,古战场的遗迹很多。汉阳沿江锁穴,汉南区大、小军山即因吴、魏交战各陈兵二山间而得名。百人矶出土文物也为江夏赤壁说提供了蛛丝马迹。近年来,纱帽山发现了许多商周和两汉魏晋的遗物。不仅如此,也正是在赤矶山附近,曾经发现残戈、断剑、箭头以及成排的墓葬和尸骨坑。据考证,这些墓葬具有三国时期墓葬的特点,特别是当地人所说的"万人坑",随葬物很少,按照三国时期的等级制度,当是大批的士卒墓。

仅就墓葬资料而言,汉南、蔡甸、汉阳、江夏区域有不少三国时期墓葬,既有曹魏墓冢,又有东吴坟茔,甚至还有蜀汉遗痕。常福山羊头村有一处三国古墓群,考古工作者曾清理过两座砖室墓,出土文

物有铜镜、陶碗、陶仓、陶灶、陶牛、陶车等。沌口街曹庄村因曹操在此屯过兵,故取名曹庄。村中曾发现一座三国时期的砖室墓,有券顶墓道,其中一块砖用阴文刻有"轻车将军"四个字。江夏区金水闸洪家湾、火焰村一带发现一批分布密集的东汉末至三国时期的古墓葬,出土有铜剑、铜箭镞、铁刀、铁剑等兵器。凡此,充分反映了当时孙、刘、曹等各方势力曾在长江两岸广阔区域内鏖战及生活。

军山境域的设法山、诸葛城、尸骨墩等地也留下了不少与诸葛亮、曹操等人相关的传说或遗迹。一般认为设法山相传是诸葛亮设法退曹兵之处;通顺河北岸曾是诸葛亮筑金城汤池的地方,故名诸葛城;尸骨墩因曹兵战败掩埋兵士遗体而得名。此外,在大军山顶据传曾有祭风台。对于祭风台,元代《三国志平话》对诸葛亮祭风有一段记载,说诸葛亮令人筑一高台,披衣跣足,亲自祭风。当夜,东南风大发,周瑜、黄盖乘风用火进攻。祭风台应为宋元时期所建。诸葛城位于大军山西北面的黄陵古镇,呈长方形,北靠砾山,南连沌水,传为三国时诸葛亮所筑,武汉解放后城墙逐渐被毁,仅存30米长一段残迹,有大量三国时期文化遗存。军山境域还有历代专门祭祀诸葛亮的地点,即过去所称的武侯庙。

总之,从史书记载与出土文物综合来看,江夏赤壁说在某些方面的论据较他处更为充分。

从三国古战场到军山三国文化遗迹

孙刘联军与曹军的战争距今已有1800余年的历史,在战争中留下了许多遗存,在武汉经开区境内就有大军山、小军山、设法山、纱帽山、百人山、尸骨墩、擂鼓墩、诸葛城等三国文化遗迹,在这里曾经上演过三国时期的一幕幕军事史话。据相关专家考证,大、小军山是举世闻名的赤壁之战的战场之一,离此不远的沌口曹庄村则因曹操屯兵而得名,而设法山传说是诸葛亮开坛设法的地方,对面的通顺河北岸曾是诸葛亮筑金城汤池的地方,故名诸葛城,这些地方现均已成为人们寻访的遗址。军山及其附近区域内的这些文化遗迹从一个侧面反映了当时的历史面貌。

一、大军山、小军山

武汉经开区军山街像一条扁担,挑着沌口和汉南两个金童玉女。大军山壁立于长江北岸,与南岸的江夏金口槐山隔江对峙,形同锁钥,异常险要,是长江中游的天然门户之一,在军事、交通上具有重要的战略位置,为历代兵家必争之地。

大军山位于湖北省武汉市蔡甸区军山街境内,海拔197.3米,处在地势相对平坦的长江中游地带的武汉,孤峰雄踞长江北岸,因三国时期孙刘联军和曹军于此列阵对峙而得名。历史上曾有多部文献记载此处为赤壁之战的重要战场,现代考古活动也在此地发现了许多三国战争的遗迹。

东汉末年,大军山和小军山之间尚有河道,孙刘联军驻守在小军山,曾与驻扎于大军山的曹军隔河对峙。双方当时在沿河两岸展开了激烈的较量，今军山境内的设法山、尸骨墩、诸葛城等遗迹当与彼时的战争情势有关。建安十三年（208年）八月，曹操进军江陵。十二月，统率大军水陆并进，顺流而下，号称八十三万。当时孙刘联军只有五万人，其中刘备、刘琦各一万人，周瑜三万人。孙刘联军被迫取守势，在今江夏和汉阳、汉南境域长江两岸阻击曹军，以保卫孙权驻地柴桑。孙刘联军的前锋在今江夏区西南丘陵地带，西起长江边的赤矶山，东至梁子湖的龙泉山，绵延一百多里。曹军主力在长江以北，上起乌林，下至汉阳大

大军山

来源：武汉经开区融媒体中心

军山，连营一二百里。当时，诸葛亮正在孙刘联军阵中，据《三国志·蜀书·诸葛亮传》记载："先主至于夏口，亮曰：'事急矣，请奉命求救于孙将军。'……权大悦，即遣周瑜、程普、鲁肃等水军三万，随亮诣先主，并力拒曹公。曹公败于赤壁，引军归邺。"① 可见，从历史记载来看，诸葛亮参与了周瑜等人的重要军事行动，而军山境域的军事行动遗迹，也很有可能是他们进行军事谋划的见证。在长江以南的金口，双方也是隔水对峙。《三国志·吴书·周瑜传》载："时刘备为曹公所破，欲引南渡江，与鲁肃遇于当阳，遂共图计，因进住夏口，遣诸葛亮诣权。权遂遣瑜及程普等与备并力逆曹公，遇于赤壁。

---

① 陈寿：《三国志》，北京：中华书局，1959年版，第915页。

时曹公军众已有疾病，初一交战，公军败退，引次江北。瑜等在南岸。"①"初一交战"，指的是两军最初的遭遇战。"公军败退，引次江北"，说明曹军最初攻至南岸，但后来失败，又重新退到北岸。后来，黄盖诈降曹军，乘其不备，突然袭击，发动火攻，由此揭开了赤壁之战的序幕。《三国志·吴书·周瑜传》裴注引《江表传》记述："至战日，盖先取轻利舰十舫，载燥荻枯柴积其中，灌以鱼膏，赤幔覆之，建旌旗龙幡于舰上。时东南风急，因以十舰最著前，中江举帆，盖举火白诸校，使众兵齐声大叫曰：'降焉！'操军人皆出营立观。去北军二里余，同时发火，火烈风猛，往船如箭，飞埃绝烂，烧尽北船，延及岸边营柴。瑜等率轻锐寻继其后，擂鼓大进，北军大坏，曹公退走。"②

大军山之名始见于北魏地理学家郦道元《水经注》，该书卷三十五记载："江水东径大军山南，山东有山屯，夏浦，江水左迆也。江中有石浮出，谓之节度石。右则涂水注之。……江水又东径小军山南，临侧江津，东有小军浦。"③"江之右岸有船官浦，历黄鹄矶西而南矣。直鹦鹉洲之下尾……是曰黄军浦。昔吴将黄盖军师所屯，故浦得其名，亦商舟之所会矣。"④ 黄军浦位于今天鲇鱼套以上，南朝宋沈攸之诗曰："欲问安西讯，暂泊黄军浦。"这就是说，在三国时黄盖水师大本营就在今武昌周边地区。所以，当时一系列的重要战争大概率发生于今武汉经开区境内的军山、纱帽山、金口等区域。

《水经注》是目前已知的我国记载赤壁之战地理环境较早的著作。郦道元曾做过尚书祠部郎、治书侍御史、颍川太守、鲁阳太守、东荆州刺史、冀州镇东府长史、东颍川太守、征南行台尚书、相州行台、河南尹、御史中尉、关右大使等，正是这种丰富的为官经历，使郦道

---

① 陈寿：《三国志》，北京：中华书局，1959年版，第1262页。
② 陈寿：《三国志》，北京：中华书局，1959年版，第1263页。
③ 郦道元：《水经注》，杭州：浙江古籍出版社，2013年版，第458页。
④ 郦道元：《水经注》，杭州：浙江古籍出版社，2013年版，第459页。

元对各地的风土人情、地理水文产生了浓厚兴趣。他"执法峻刻,历览奇书",所著《水经注》是中国古代最全面、最系统的综合性地理著作,其中关于赤壁之战发生于军山的论述也是较早的权威论断。宋王象之所撰的《舆地纪胜》载:"在汉阳县,昔吴、魏相持,陈兵于大、小两山,故有'大军''小军'之号。"① 宋扬齐贤在《赤壁歌送别》一诗中题道:"今江汉间言赤壁者五(黄州赤壁、蒲圻赤壁、江夏赤壁、汉阳赤壁、汉川赤壁)……惟江夏之谈合于史。"明陈循等《寰宇通志》记载:"小军山,在府城南六十里。大军山,在府城南八十里,昔吴、魏相持之时,陈兵于两山之间,故以大、小军为名。"明嘉靖年间的《汉阳府志》记载:"(小军山在)县治西南五十里,与大军山近,吴、魏相战,陈兵两山之间,故以大、小军名。故老相传元时风雨阴晦之夕,闻金鼓噉战之声,盖当时将卒阴灵之气。"② 随后引赵弼诗曰:"两雄角立互相吞,炎祚衰微万马奔。夜半山前风雨恶,阴魂犹自怨曹孙。"③

传说因为三国时期战争的影响,人们每到雨天仍然可以听到战鼓擂动的声音,并认为这是当时的将士显灵,可见,三国事迹在元明时期已经深入人心。明弘治《大明一统志》也说道:"大军山在府城西南六十里,昔吴、魏相持,陈兵于大小两山之间,故山以大、小军名。""小军山在府城南四十五里。"④ 明朱国俊《大军山怀古》诗云:"大军形胜俯江流,古庙千秋祀武侯。暮雨青磷飞赤壁,东风铁甲满沧洲。指挥割据三分定,次第荆梁一战收。荻影萧萧迷故垒,舳舻散尽有渔舟。"这说明大军山上的武侯庙形成的历史比较悠久。清乾隆《汉阳府志》:"里老相传,元时风雨之际,则闻金鼓声。山高百余丈,每出云蒸雾则数十里皆雨。上有祖师庙,进时祈祷者甚众。"清光绪

---

① 王象之:《舆地纪胜》,杭州:浙江古籍出版社,2013年版,第1974页。
② 刘汝松修,朱衣纂:《汉阳府志》,明嘉靖刻本。
③ 刘汝松修,朱衣纂:《汉阳府志》,明嘉靖刻本。
④ 李贤:《大明一统志》,明弘治十八年刻本。

《汉阳县志》:"大军山,距城六十里……是山上,旧建武侯庙。"①

周秉礼《大军山记事》云:

岁甲子秋初,余自粤东军幕归。将抵汉,余兄德彬告余曰:"尔知军山洋人旧志载英、法、美、俄四夷人凿白之事乎?"曰:"闻之,未悉其详。"曰:"洋人作事,骇见骇闻。乡人惧,莫敢言。"余欲言,苦无同志,且事无济,反生事变。

相与旋军山之里,再三察看,见其在山麓大树撑杆,开炉铸铁杆,以螺丝圈节节钩斗。开凿如盘大,往下鏊凿,山鸣谷应,声闻于天,墓魄山灵不得安者,凡二载有余矣。

又查洋人带通使,乘大舟,湾泊于军山之侧,使地方人以力食。无知之辈,日利蝇头,以为洋人有言其为我山取宝,将来居民皆利之。凡有血气,莫不痛心疾首,惮之恨之,而计无所施。况洋人势大利广,其首此也,则各国环相督理。

二年之间,取凿仅廿余丈许,去金已十三万余两。是诚何心?非独地方不知其故,即长江上下多少名公卿往来,见者闻者亦未得其所以然。

余以为洋人计出于此,姑勿论是非利害,我辈生长于此,皆不可袖手旁观,而不一为之所。乃邀集同志,谒见郡伯钟公,密陈情状。公曰:"是固吾守土之责也。吾已数檄有司,并遴委密查,而莫之能禁也。尔有志,吾嘉之。吾与汝为之据禀。"详请官爵阁部堂咨部达驻京公使,行知汉领事府,照会令其停止。禀内查载:《和约》所载,凡巨津要镇,准令通商。军山系穷乡僻壤,不应如此云云。随后请示张贴,并传之毋许再凿。

而洋人所恃领事府文符者,始知其无能为已。然犹有继之,以有成也,竟商通使属亲友赂以多金。至三万之多,不许;增以

---

① 黄式度修,王柏心纂:《汉阳县志》,清同治七年刻本。

五万，仍不许。洋人曰："某公直，不受利。军山向有庙宇，吾当以万金建之，亦足以符公论。"余曰："吾中国有神，岂有受外洋裡祀！神而有灵，其必吐之。且将该山许其建庙，岂不将该山之居民生息亦并变之乎？"

洋人术不售，乃悍然不顾，恃强开凿。余因以集乡团鸣锣驱逐，观者如林。先将其通使数人捆出，洋人恐，不敢登岸。反复诘问供词，始犹闪烁，继乃称："洋人自到楚省，为军山伏虎地所制，不能逞其欲；又以为天下盛气近在湖南，军山系南北水口关键，其必欲凿断龙脉，当非五六载不能有成。请释我，我即转告洋人速去勿来。"余曰："此一说近是。留汝命，限汝一时去。"于是释通使，而洋船顷刻开驶矣。乡人群拾其石，将其洞填闭之。

时同治四年正月也。①

近代湖北籍历史地理学家杨守敬的《水经注疏》、当代著名历史地理学家谭其骧的《中国历史地图集》、目前最为学界认可的权威辞书《辞海》，都一致认为三国时期的赤壁大战就发生在江夏金口和对岸的纱帽山、大小军山一带。《辞海》在对"赤壁"这一词条的解释中说："赤壁，①山名。(1) 东汉建安十三年（208年）孙权与刘备联军败曹操军于此。即今湖北武汉市赤矶山，与纱帽山隔江相对。"② 大军山、小军山应是曹魏大军或孙刘联军其中一方的驻地。

小军山与大军山相望。相传建安十三年（208年），刘备军队被曹军打得节节败退，当军队退至今军山街东两公里处时，诸葛亮谋划孙刘联军在小军山阻挡曹军的进攻。曹操中了诸葛亮的计谋，贸然进攻刘军，诸葛亮坚守小军山，用计阻击曹军，结果曹军伤亡惨重。曹命

---

① 转引自武汉市汉阳区地方志办公室：《千古文赋品汉阳》，武汉：湖北人民出版社，2014年版，第449—450页。

② 陈至立：《辞海（第七版）》彩图本，上海辞书出版社，2020年版，第562页。

人将阵亡将士的尸体收堆掩埋于此，该土堆现称尸骨墩。当时，诸葛亮、周瑜、黄盖在小军山密谋火攻曹军之计。孙、刘双方决定用火攻曹时，诸葛亮筑起祭风台祈求东南风助威。祭风台又名斩龙台，位于金口金水河东岸，遗址东连南屏山，西北遥望赤壁山，南临黄龙潭，北沿金水河入长江口。清人江南龄有诗曰："季汉鏖兵处，一炬成鼎足。大风云飞扬，余威分逐鹿。"因此说，今军山所在地是名副其实的三国古战场的主要组成部分之一。由此看来，今军山所在地是名副其实的三国古战场的重要组成部分。

二、设法山

靠通顺河岸的大军山与小军山之间有一座小山，名叫设法山。相传三国时期，孙权和刘备联合抗曹，诸葛亮常登此山，在此观天象、设祭坛、做法事，运筹帷幄，想出了破敌的妙计，因此后人就将此山取名设法山，也称之为智慧谷。

相传诸葛亮的草船借箭这一让周瑜甘拜下风的想法就是在这座山上想出来的。曹操部队自北南下，来到赤壁，孙刘联军与曹操的大军对阵于长江。当时江上风急浪颠，为减轻战船的颠簸，曹操下令用铁链和木板连接战船，以利攻战。诸葛亮站在设法山观天象，料定三日后定有大雾，决定走一着险棋。他将扎好的草人放在船上，趁着大雾驶向曹营，令数千士兵呐喊助威。由于大雾弥江，曹操不知对方有多少兵士来犯，只得下令弓箭手万箭齐发射向敌船。就这样，诸葛亮不用吹灰之力就向曹操"借"了十万多支箭。从那时起，这座山就叫设法山了。此外，在设法山上，周瑜利用蒋干盗书，智杀蔡瑁和张允，曹操就此失去了两个最懂水战的将领。再往后，诸葛亮在设法山见庞统，由庞统向曹操献连环计，终至曹军为孙刘联军所破。

设法山还有一个不常被提及的名字——涉跋山。相传曹操得知诸

设法山　来源：武汉经开区融媒体中心

葛亮常登此山运筹帷幄，便带兵擒拿。可这山三面环水，北方人不习水战，临近山下，又多河湖沼泽，稍不注意就会陷进去。曹操眼看出师不利，怒火中带着诗兴，冲口而出道："涉江涉水，吾心刀绞。跋泥跋山，吾心火冒。涉跋山兮，以歼奸小。涉跋山兮，吾志不挠……"曹兵疲惫不堪，诸葛亮以造饭香气诱之入局，令曹军死伤无数。为此，曹操耿耿于怀，常诵"涉跋山"诗句自嘲。

由于诸葛亮于赤壁之战中在此建立七星祭风坛，借东风以助周瑜火烧赤壁，故此地名祭风台。元代《三国志平话》对诸葛亮祭风有一段记载，说诸葛亮身穿黄衣，披发跣足，左手提剑，叩牙作法，其风大发。由此推测，祭风台至少在宋元时期就已经建立。设法山与大、小军山正好形成天然的三角之势，中间地势平坦，想必应为当年陈兵之地。设法山前有川江池，后依通顺河，沿河堤往东约一公里处便是传说埋葬了无数曹军的尸骨墩。

三、诸葛城

在军山黄陵老街北边砆山脚下的长河边有一座土城，相传诸葛亮曾在此屯兵，故名诸葛城。

据三国故事里讲述，东汉末年，军阀混战，天下大乱。建安十三年（208年）春，曹操基本统一北方，后欲吞并江南，统一天下，亲自率领大军南征荆州，企图消灭孙权和刘备。曹操在当阳长坂坡击溃刘备军，刘备退至夏口，诸葛亮决定利用大、小军山和设法山中间的一片平地建筑土城，重整旗鼓，屯兵拒敌。诸葛亮为什么会选择在这里筑城呢？因为这里湖水辽阔，河网密布，适合南军水战，东可由通顺河进入长江，北可沿长河出汉水，西能由沔水上江陵。再说，砾山地势险要，林木葱茏，能隐蔽千军万马。刘备一声令下，周围十里八村的能工巧匠便开始筑城，刘备军和当地村民夜以继日地建造，城楼很快完工。刘备以此为据点，在诸葛亮的精心设计下，联合孙吴集团，打败曹操，最终形成三国鼎立的局面。明人朱国俊有《大军山怀古》诗："大军形胜俯江流，古庙千秋祀武侯。暮雨青磷飞赤壁，东风铁甲满沧洲。指挥割据三分定，次第荆梁一战收。荻影萧萧迷故垒，舳舻散尽有渔舟。"诸葛亮逝世后，这里的百姓怀念他，将这土城称为诸葛城。此后，历代百姓不忘祖先的恩德，趁着战乱间隙，曾多次对诸葛城进行复建、修葺。

武汉解放后，诸葛城的城墙逐渐被毁，仅存一段30米长的残迹，但仍有大量三国时期文化遗存。现在的诸葛城重建于1981年。2017年，军山街砾山村又集体出资对之进行了加固维修。诸葛城坐落在黄陵古镇东一里，北靠砾山，南临东荆河，东、西两湖环抱。诸葛城遗址总占地面积约2万平方米，建筑面积约759平方米。其主体建筑呈"L"形，为两层砖混结构，黑瓦白墙，中间大门以单层弧形大厅连接，三岳朝天式山墙飞檐翘角，结构特色鲜明。

诸葛城遗址　　来源：武汉经开区融媒体中心

高大的歇山顶式两层木质结构牌楼，雄伟壮观，古色古香。琉璃瓦在阳光辉映下闪着耀眼的光芒。门楼上的"诸葛城"三个鎏金大字熠熠生辉，正脊是一对鱼龙吻。进入正门，一池清波，波光粼粼，仿佛青龙偃月刀翻飞的刀光。园内广植香樟、樱花、对节白蜡、银杏、桃树，环境优美。进入屋内，内堂正中供奉诸葛武侯像及其他相关三国人物像等。军山境内的诸葛城属于武汉市境内主要的三国人物纪念场所之一，具有重要的历史文化价值。

据《汉阳县志》载，东汉建武元年（25年），于下汊置沌阳县。下汊，即今沌水之滨的蒲潭，在黄陵矶上游五里。蒲潭这个小地方，是可追溯的又有史记载的最早的汉阳县县治。此外，在诸葛城遗址下面还发现了大量陶片，为屈家岭文化遗存，说明汉阳历史悠久，早在新石器时代就有人类活动。

四、纱帽山

纱帽山位于武汉经开区长江西岸，现在是突起于一马平川的江滩上的一座小土丘，海拔37.82米，距武汉中心城区约39公里，面积约4000平方米。纱帽山是古云梦泽中的一座小山。司马相如在《子虚赋》里写道："楚有七泽，尝见其一，未睹其余也。臣之所见，盖特其小小者耳，名曰云梦。云梦者，方九百里，其中有山焉。""罢池陂

纱帽山　来源：武汉经开区融媒体中心

陀，下属江河。"纱帽山的地理位置，正应了《子虚赋》对云梦泽里这类山的描述。通过"楚有章华台，遥遥云梦泽"诗句，人们仍可遥想当年云梦泽之浩瀚景象。相传，三国赤壁之战时，纱帽山处于江心，是黄盖奉周瑜之命带十船、领百人诈降曹魏大军的地点，故名百人山。清朝末年，因山南有一块陡峭岩石，形似纱帽上的帽花，岩石顶上有一株古树，像纱帽顶上的簪缨，遂改称纱帽山。不过，关于纱帽山名称的来源并非只有这一种说法。

北魏郦道元在《水经注》中说："江水左径百人山南，右径赤壁山北，昔周瑜与黄盖诈魏武大军处所也。江水东径大军山南，山东有山屯，夏浦，江水左迤也。……右则涂水注之，水出江州武昌郡武昌县金山……江水又东径小军山南，临侧江津，东有小军浦。江水又东径鸡翅山北。山东即土城浦也。"① 他并标注"西百人山在汉阳县南八十里；大军山，汉阳县南六十里；小军山，（汉阳）县南五十里"，详细描述了大军山、小军山所处的地理方位。盛弘之《荆州记》记载："蒲圻县沿江一百里，南岸名赤壁，周瑜、黄盖（于）此乘大舰，上破魏武兵于乌林。乌林、赤壁，其东西一百六十里。"② 其指明长江过了乌林，又流经很多地方，才到赤壁山，并且明确说这里就是黄盖诈降的地方。明嘉靖《汉阳府志》卷首载："百人山在县治西南八十里，传东吴名将黄盖领百人诈降曹操，因其不备而掩之，故名。"③明万历《汉阳府志》记载："旧传周瑜遣黄盖领百人诈降曹操，因其不备而掩之。"宋淳熙间，李巽作《南楼记》云："郡之西南八十里近赤壁，与百人山对。"《汉阳府志》还记录了建安十三年（208年）七月，曹操在赤壁与孙刘联军隔江对峙，东吴大将黄盖在船内装满干柴、芦苇，上面铺撒硫黄等引火物，借东风向曹军水寨冲去，江面上顿时火焰冲

---

① 郦道元：《水经注》，杭州：浙江古籍出版社，2013年版，第458页。
② 盛弘之：《荆州记》，陈运溶、王仁俊：《荆州记九种》，武汉：湖北人民出版社，1999年版，第50页。
③ 刘汝松修，朱衣纂：《汉阳府志》，明嘉靖刻本。

天，曹操水军陷入一片火海，向下游溃败。现留存的明代地图中有大军山、小军山、新滩口、马影河、百人矶等自古有之的地名点缀其上。据清同治年间《长江图说》载，今纱帽山东南距赤矶山江面有三里多路。《辞海》："赤壁，①山名。（1）东汉建安十三年（208年）孙权与刘备联军败曹操军于此。即今湖北武汉市赤矶山，与纱帽山隔江相对。"①

由此推测，这里的赤壁山应位于乌林下游，今金口赤壁山即赤矶山，在今江夏区西南，与汉南纱帽山隔江相对。其西为广阔平原和浩荡长江，东面为绵延的山丘和大片湖泊，北有大军山矗立，东北为金口槐山矶，两山形成锁钥之势，确为易守难攻的险要之地，与《水经注》所载相吻合。而且从山川形态与地理地貌上进行分析，绵延百余公里的开阔之地，也称得上是"天然的战场"，应为曹魏大军、孙刘联军其中一方的营地。

赤矶山所在地金口镇，三国名胜古迹颇多。沿金口顺江而下，石嘴一带有一个名叫黄军浦的地方，相传是东吴将领黄盖操练和埋伏水军的军港。1964年，在石嘴发现一座三国吴墓，出土了一件吴国神锋弩，弩上刻有"将军赵濯私弩"等铭文，这是此地为吴国军事要地的确凿证据。1984年文物普查时，在金口以东约1公里的土地堂，发现一座东汉时期的古城址——五谷城。该城由大城、东小城、西小城组成，平面略呈"品"字形格局，现存城垣残址高3—5米，宽约3米，城垣外有宽约5米的护城壕，俨然一座军事城垒。据《江夏县志》记载，五谷城是赤壁之战时刘备在此修建，关羽曾屯兵于此。该城地处梁子湖边缘，为樊口与金口之间的要道，既可通过水路返樊口，又可迅速出兵金口援助周瑜攻击曹操，正是孙刘联军的进退裕如之地。同时，在沿山以东发现了东汉古墓群，出土有东汉铁刀、青铜剑、铁

---

① 陈至立：《辞海（第七版）》彩图本，上海辞书出版社，2020年版，第562页。

剑、弩机、箭镞等大量兵器文物。相传,金水河畔有诸葛亮借东风的南屏山、祭风台遗址,金口有周瑜安营屯兵的五枫桥、关羽饮马的乌龙泉以及黄军浦、鲁湖等。金口对江则有大、小军山遗址等。这些考古发掘、地名传说和遗址,形成了一个相互印证的链条,从侧面证明了赤矶山为赤壁之战的决战场地,正是在这上下百余公里的长江水道,南北数公里的纵深地带,曹军与孙刘联军展开了一场生死大战。

纱帽山不仅留下了许多三国古战场遗迹,还具有三张历史文化名片。

一是纱帽山因大禹后代禹青治水而得名。纱帽山所处区域属长江古云梦泽地区,相传这个地区长年洪水泛滥,十年九淹。大禹的后代禹青在此疏江筑堤,根治水患。一年夏天,连降大雨,洪水把大堤冲开一个缺口。禹青见状,悲愤交加,仰天大呼:"不制服洪水,禹青愧对百姓!"他顺手摘下乌纱帽,愤然扔进滚滚江流,欲以身殉职,却忽见乌纱帽飘至决口处不动了,进而变得越来越大,很快成了一座小山,堵住了决口。因山的形状和乌纱帽相似,后人为纪念禹青,便称此山为纱帽山。

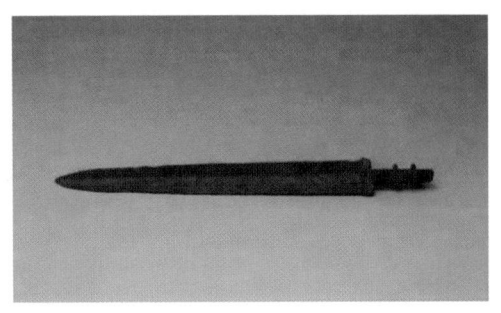

金口洪家湾出土的东汉青铜剑
来源:武汉经开区文化和旅游局

二是商代文化遗址。纱帽山文化遗址面积约4000平方米,文化层厚1—4米,于1964年发现,1965年做了部分发掘,出土有石器、陶器、铜器、兽骨等,经湖北省、武汉市文物部门鉴定为商周文化遗址。具体而言,石器有商周时的石斧、石凿、石锛;陶器有商周时的陶耳坠、陶纺轮、陶鬲、陶豆以及西周时的陶板瓦;青铜器有商周时的铜斧、铜矛、铜箭镞、铜蟠纹;兽骨有商周时的卜骨、鹿骨、狮骨等,共计文物100余件。其中青铜尊为国家一级文物,被湖北省博馆收藏，曾多次出国展览。这一发现对于研究武汉早期历史文化具有一定的参考价值。1983年，纱帽山遗址被武汉市人民政府列为市级文物保护单位。

三是汉阳人头骨化石。1997年1月，汉南区环保局工作人员毛凑元到纱帽山晨练时，拾到一块像头盖骨的"石头"，经湖北省考古研究所专家鉴定，这是人类头骨化石，确定有一定的原始性，可能处在晚期智人比较早的阶段，与北京山顶洞人和四川资阳人时代相当，距今有数万年的历史，填补了湖北省古人类学研究领域的空白。纱帽山地区原属汉阳县管辖，遵循因地命名的原则，专家将发现的这一原始人类命名为汉阳人。该化石目前珍藏在湖北省博物馆。军山地区自古以来便是兵家必争之地。从历史文献记载和考古发现可以看出，这里曾经上演过一幕幕古代军事活动，现存的三国文化遗址，除了前面已经介绍的大军山、小军山、设法山、诸葛城、纱帽山外，还有擂鼓墩、尸骨墩、祭风台、曹庄墩等遗址，这些遗址给这片古老的土地增添了金戈铁马的精气神韵。

军山附近的这些遗址，与军山境内的三国遗迹共同构成了三国文化景观群，也触发了历代文士对三国历史的整体思考。历代文人墨客写下了许多与军山三国历史文化相关的诗篇，明赵弼《小军山》诗："两雄角立互相吞，炎祚衰微万马奔。夜半山前风雨恶，阴魂犹自怨曹孙。"明朱国俊《大军山怀古》诗："大军形胜俯江流，古庙千秋祀武侯。暮雨青磷飞赤壁，东风铁甲满沧洲。指挥割据三分定，次第荆梁一战收。荻影萧萧迷故垒，舳舻散尽有渔舟。"清赵文楷《汉阳怀古》："江流东注大军山，汉上孤城扼楚关。三国旧愁春浪碧，千年遗垒夕阳殷。樵歌牧唱刘琦墓，沙鸟风帆鲁肃湾。我欲招魂凭楚些，夜深疑有鬼雄还。"余家旗《题大军山》："奇横江锁钥，屏障当稀世。磅礴气氤氲，雄关独冠群。"余家旗《题设法山》："扇摇天下三分鼎，山铸孔明八阵图。"他们都将大军山、小军山、设法山等与三国故事联系在一起。此外，还有吟咏军山附近百人山、赤矶山、鸡鸣城等地的诗词。明赵弼诗："曹瞒骄作恃兵强，舍马从舟计匪长。自此蜀吴成鼎足，英谋千载羡周郎。"明朱襄诗："野外钟声鸡乱啼，乌林尤在古城西。尘埋铁骑黄云合，草拂旌旗翠羽低。先主竟承东汉统，老瞒空鼓北军鼙。九泉霄汉看诸葛，伊吕声名万古齐。"清段以融曰："舟风晨月夜，登槐峰，眺惊矶，反其意而辨正云。嗟呼！夏江一举起云烟，峻岭层岑驻昔贤。赤壁嵯峨古战场，不遇人才亦杳然。"清江南龄诗："季汉鏖兵处，一炬成鼎足。大风云飞扬，余威分逐鹿。"历代文人墨客，或在文献中记载大军山、小军山是吴、魏交兵相持处所，或借凭吊大军山、小军山战场遗址抒发历史感叹，丰富了境内三国文化的内涵，使武汉军山三国文化前后相接，延续至今，生生不息。

"大江东去，浪淘尽，千古风流人物。"1800多年前的赤壁大战以曹军的败北和孙刘联军的大捷而告终，这是中国历史上以少胜多的著名战例。赤壁之战已在硝烟和刀光剑影中远去，赤壁见证了三国鏖战的壮举，也见证了众多英雄豪杰的悲壮表演。如今，我们追述三国时期的激烈战况和诸葛亮等众多历史人物的身影，不难发现：军山地区深厚的三国文化，在历经岁月淘洗后，愈发熠熠生辉，为武汉经开区的历史增添了厚重感和底蕴。

从《三国演义》到军山三国故事

魏、蜀、吴三国的兴废沧桑，是中华民族历史上一段千古流传的史实。关于这段史实的文字记载主要见于《三国志》一书中，文学描写则有元末明初古典通俗小说《三国演义》，各地也有民众口头传说的三国故事。弄清这三者之间的关系，对细致分析军山三国故事的文化特色，充分认识武汉经开区作为三国文化重要集聚地的历史地位，具有十分重要的意义。

一、从《三国志》到《三国演义》

《三国志》是我国记载三国历史的正统史书，它为长篇小说《三国演义》的故事构成提供了历史发展的基本线索和主要框架。但小说不同于历史，《三国演义》先是经过长期的民间口头流传，再经过艺人口头、书面的创作，最后才由罗贯中整理撰写成书，可谓世代积累型集体创作作品。

《三国演义》成书之前，关于三国的故事便以各种形式在社会上流传了上千年。最早记载三国历史的是西晋史学家陈寿所著的历史著作《三国志》，该书是我国古代正史二十四史之一，与《史记》《汉书》和《后汉书》并列为"前四史"。该书采用纪传体例编撰，全书共65卷，具体包括《魏书》30卷、《蜀书》15卷、《吴书》20卷。该书最大的特点是详于乱而略于治，即侧重三国形成时期的历史。针对该书不够详实的问题，南朝宋裴松之为其作了非常详尽的注释。裴注引书两百余种，其中有不少是奇闻轶事的辑录，极大地丰富了《三国志》的内容，其价值不在原书之下。陈著与裴注为《三国演义》提供了大量的史料,激活了罗贯中广阔的想象空间,是罗贯中创作《三国演义》这部巨著最基本的史料依据。

继《三国志》之后,两晋南北朝出现了大量记叙、描写、歌咏三国故事和人物的史书、笔记、诗歌等,仅《世说新语》中记录的三国人物故事就有三十多则,其中与曹操相关的有十五则(有的亦见于裴注)。唐代记叙、咏叹三国故事的诗文有一百多篇,其中以诗歌为多。著名诗人如张说、张九龄、刘长卿、李白、杜甫、贾至、刘禹锡、李贺、杜牧、李商隐、温庭筠等,都有诗歌咏叹三国人物或事件。如李商隐《无题》诗句"益德冤魂终报主",《骄儿诗》"或谑张飞胡,或笑邓艾吃"可为明证。

《三国志》
来源:项目组

宋金元时期则是艺人口头创作、书面创作的主要阶段。作品一见于小说系统,一见于戏曲系统。从小说系统看,宋代盛行的说话中有讲史专类,三国故事是其重要内容,以至讲史中专有说三分(说三国故事)的科目。《东京梦华录》里还提到有位专门说三分的霍四究,足见三国故事流传的广泛。《东坡志林》记载:

> 王彭尝云:"涂巷中小儿薄劣,其家所厌苦,辄与钱,令聚坐听说古话。至说三国事,闻刘玄德败,颦蹙有出涕者;闻曹操败,即喜唱快。以是知君子小人之泽,百世不斩。"彭,恺之子,为武吏,颇知文章,余尝为作哀辞,字大年。①

这种倾向,至南宋愈益明显。

---

① 苏轼:《东坡志林》,北京:中华书局,1981年版,第7页。

从戏曲系统看，宋金时期三国故事被大量搬上舞台，院本和杂剧中有许多三国故事情节。到了元代，三国故事更是热门题材，新兴的元杂剧中就有六十多本三国戏，几占元人杂剧的十分之一。《三国演义》中一些主要人物的性格特征和一些生动的故事情节，在元杂剧中已大体具备。

到元英宗至治年间，还出了一本《全相三国志平话》。这本书作者不详，共分上、中、下三卷，并配有插图。其以民间说唱的方式，开头叙述司马仲相阴间断狱的故事，基本故事不完全符合史书记载，记录了很多离奇的传说，例如《张翼德大破杏林庄》和《刘玄德醉走黄鹤楼》等等。每页两栏，上栏为图，下栏为文，不仅有浓厚的民间气息，而且已初具小说故事梗概，可以说是民间传说中三国故事的写定本。该书每页都有图，可见它不仅仅是说话人口头说话的纲要，而且有供人阅读欣赏的意图了。另外还有《三分事略》，该书系统地描写三国故事。这两本书直接影响了《三国演义》的成书。

《全相三国志平话》目前流传的版本大约八万字，虽来自民间，文学艺术性略低，且删改了不少历史事件，但在总体结构上依然以刘备作为正统，且与之后出现的《三国演义》有不少内容相同。

元末明初的罗贯中，以《三国志》为原型，汇集了民间传说、戏剧等，依据自己的生活经验，加以艺术虚构，创作出《三国志通俗演义》，即《三国演义》，把正史转化为通俗读本。《三国演义》大致可以分为黄巾起义、董卓之乱、群雄逐鹿、三国鼎立和三国归晋五大部分。该书最大的特点是着重叙述三国时期的战争，长于英雄人物的叙述。明人高儒《百川书志》卷六云：

> 《三国志通俗演义》二百四卷，晋平阳侯陈寿史传，明罗本贯中编次。据正史，采小说，证文辞，通好尚，非俗非虚，易观易入，非史氏苍古之文，去瞽传诙谐之气，陈叙百年，该括万事。

高儒对《三国演义》的成书和特点谈得相当中肯,一向为治小说者所肯定。他所说的"据正史",就是依据正史《三国志》;所谓"采小说",就是博采关于三国故事的各种笔记、传说,尤其是平话、戏文、杂剧等多方面的材料;所谓"通好尚",就是熔铸社会各阶层对三国人物、故事的爱憎倾向和自己对社会现实的深刻感受。总体来看,《三国志》的史学价值明显高于《三国演义》,而《三国演义》在民间的影响则远远超过《三国志》。所以说,《三国演义》是群众创作和文人创作相结合的产物。作者基于自己的历史兴亡观,运用其惊人的想象力和典型化手法,对以往的史志杂纂、民间话本和勾栏小戏进行了再加工和再创作,从而使英雄的褒贬、战场的胜负、民谣中的人心向背乃至蜀汉的君臣相得,魏、吴的风云起落等通过四百余位面貌各异的人物和他们的活动贯穿,组成了一幅轰轰烈烈的三国军事、政治、文化的系列画卷。

罗贯中写定的书,现存最早的刊本是明代嘉靖年间刊刻的,称为《三国志通俗演义》,俗称"嘉靖本"。全书分二十四卷,二百四十则,每则题目由七言单句构成。清康熙年间,毛纶、毛宗岗父子先后对该书的情节内容、语言文字、回目等方面做了全面的修订和润色,并加评点、夹批。毛氏的修订虽然使全书的封建正统意识变浓了,但也使

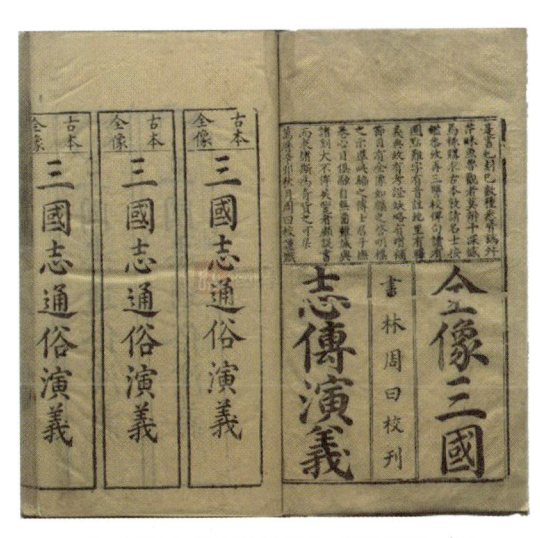

《三国志通俗演义》(明万历本)
来源:湖北省图书馆

该书的艺术水平大大提高了。这就是后来流行于社会的共有一百二十回、回目由七言偶句构成的所谓"毛本"。

《三国演义》的问世，标志着我国独具的章回体长篇小说形式已基本定型。它既是我国古代长篇小说的开山之作，又是我国最早最优秀的历史演义。《三国演义》以人物为载体，形象地演绎了中国传统文化的基本精神，即仁、义、礼、智、信、勇等。《三国演义》广泛流传，对儒家文化圈产生了深远影响。三国文化是三国时期物质文明、精神文明与制度文明的总和，并以此为源，形成了以三国故事和三国精神的传播演变为流，以《三国演义》及其诸多衍生现象为重要内容的综合性文化。

　　现存通行本《三国演义》就是从宋代的说书话本发展而来的，后来又经过罗贯中等人的创作，其通俗的文字、细致的描写、曲折的情节深深打动了不同知识水平的读者。与深奥难懂的正史《三国志》相比，《三国演义》更能为广大群众所接受，这就拓展了读者范围，无论是饱学之士还是粗通文墨者，都能读懂这部小说。而且《三国演义》的内容远比原来的三国话本丰富，很快就得到了说书人的认可，通过他们精妙的讲演，迅速地传播到千家万户。

　　《三国演义》出于人物形象的塑造需要，将原来所记的"宁我负人，毋人负我"这种语言，改为"宁教我负天下人，休教天下人负我"，将曹操的处世哲学更加形象地展现了出来。这种改变，将曹操损人利己的形象加以放大，入木三分地刻画了这个"乱世奸雄"。再例如，为了更好地塑造典型人物，作为小说作者而不是历史学家，罗贯中大胆修改历史，创作出"空城计"这么一段幻想色彩很浓的情节，成为千古绝唱。

　　《三国演义》作为长篇历史演义小说获得了巨大的成功，并对小说界产生了很大影响。自它之后，许多作家投入历史演义小说的创作，可观道人序冯梦龙《新列国志》云："自罗贯中氏《三国志》一书，以国史演为通俗演义，汪洋百余回，为世所尚。嗣是效颦日众，因而有《夏书》《商书》《列国》《两汉》《唐书》《残唐》《南北宋》诸刻，其浩瀚与正史分签并架，然悉出诸村学究杜撰。"以后的创作自然都没有《三国演义》成就高，但也有一些成为历史小说的精品，如《隋唐演义》《东周列国志》《北史演义》等。

《三国演义》问世以后，戏曲便多以小说中的故事为题材，编为剧本，这些剧本的数量是很大的，它们不断地出现在舞台上，以另一种形式将小说的内容普及民间。著名的传奇剧本有明马佶人的《借东风》、金成初的《荆州记》、李玉的《铜雀台》，清代周祥钰的《鼎峙春秋》、维庵居士的《三国志》等。杂剧有明朱有燉的《关云长义勇辞金》、徐渭的《狂鼓史渔阳三弄》、陈与郊的《文姬入塞》等。京剧有清代卢胜奎改编的《三国志》和许多佚名作者写的《捉放曹》、《虎牢关》（一名《三战吕布》）、《连环计》、《长坂坡》、《群英会》、《空城计》等等。说唱艺术也常用《三国演义》中的故事为题材，如子弟书的书目有《凤仪亭》《长坂坡》《东吴招亲》《单刀会》《诸葛骂朗》《叹武侯》等，弹词书目有《三国志玉玺传》。至于说书，继承了传统，一直以三国故事为重要题材，至今仍活跃在书坛上，有讲全篇的，也有截取一段的。

千百年来，三国传说在中国各地广为流传，从民间的说唱文学到历史小说《三国演义》，从民间口头文学到现代影视作品，更是将三国故事演绎得家喻户晓。

时代的进步，科技的发展，使电视、电影、互联网成为大众传播媒介中最有力的手段，当代三国故事的传播也自然采用了这些媒介。1994年，中央电视台播映了由中国电视剧制作中心、中国中央电视台制作的84集电视连续剧《三国演义》，该剧由王扶林担任总导演，蔡晓晴、张绍林、孙光明、张中一、沈好放担任分部导演，由杜家福、朱晓平、刘树生等人编剧，孙彦军、唐国强、鲍国安、吴晓东、陆树铭、李靖飞、洪宇宙、魏宗万、张光北等主演。该剧共分为第一部《群雄逐鹿》（1—23集）、第二部《赤壁鏖战》（24—47集）、第三部《三足鼎立》（48—64集）、第四部《南征北战》（65—77集）、第五部《三分归一》（78—84集）五个单元，着重表现各个政治集团间错综复杂、紧张尖锐的斗争。这种斗争发展成为接连不断的对政治权力的争夺和军事冲突，演绎了从东汉末年到西晋初年将近一个世纪的风云变幻。

这部电视连续剧根据人民文学出版社1972年出版的《三国演义》版本改编，在尊重原著的前提下，根据电视特点和现代人的欣赏观念做了少量的修改。例如《草船借箭》一节，只在船中几上摆着一壶酒，随船摇动，画外则有鼓声、喊声和箭射入草束上的声音，这样的设计大大地丰富了作品的表现力。又如《诸葛祭风》一节，去除了夜观天象、天命不可逾越的天命色彩。1994年版电视剧《三国演义》去除原著中的迷信糟粕，保留对忠义、勇武、智慧的歌颂，许多内容经过提炼、扬弃和转化，体现出现代价值。该电视剧于1994年10月23日在中央电视台首播，当日在全国收视率为46.7%。该电视剧获得第十五届中国电视剧"飞天奖"长篇电视连续剧一等奖、第十三届中国电视"金鹰奖"最佳长篇连续剧奖等。与此同时，中央电视台又配合《三国演义》电视连续剧的播出，制作了《纵横三国》《三国故地行》《古今三国》等电视片穿插播放。各地的报刊也纷纷刊登各种三国故事的文章加以配合，有的地方还邀请《三国演义》电视剧剧组去做文艺表演，举办文艺晚会。那段时间，三国成了街头巷尾的大众话题。84集电视连续剧《三国演义》的播放，把中国的三国热推向了新高潮。

近年来，《三国演义》不仅仅是文学欣赏的对象，而且人们已开始把它当作重要的文化资源进行开发利用。在我国浩如烟海的人文资源中，三国文化或许不是历史地位最高的，但其影响之深远、普及之广泛、衍生之丰富，却是其他历史阶段的文化形态难以比拟的。三国文化长期植根民间，并且深入人心，这就决定了它的人文经济价值。21世纪以来，三国故事进一步向动漫、电子游戏、网络文学等新兴领域迈进，热点作品层出不穷。《赤壁》《三国演义》《大军师司马懿之军师联盟》《三国》等影视作品，都离不开高速发展的中国影视产业在资本、人才、技术等方面提供的强大支撑。可以说，没有充分的专业化、市场化、产业化，那么就不会有三国题材作品的繁荣发展。

有关三国的名胜古迹之多，可以说在中国数千年历史中，很少有一个朝代能与之相比。三国名胜古迹分布在四川、云南、贵州、陕西、甘肃、山西、河北、河南、山东、安徽、江苏、浙江、江西、湖北、湖南、重庆等十多个省、直辖市，计有数百处，可观赏者上百处，仅国家级文物保护单位就有5处。随着经济社会发展的需要，不少地区为了提高知名度，树立地方的文化形象，增加旅游景点和民众的游乐观赏地，都纷纷致力于开发三国人文资源。他们一方面恢复、重建一些三国古迹，另一方面则规划新建三国人文景观。如四川省绵阳市的三国蜀汉旅游城、湖北省荆州市的三国公园、江苏省镇江市的三国旅游城、河南省许昌市的三国城、河北省涿州市的《三国演义》拍摄基地汉城、江苏省无锡市的三国城等。

成熟的市场化与产业化运营机制，为传统文化资源开发提供了持续发展的动力。传统文化资源要实现当代活化，必须打造出能够满足时代需要的优质文化产品，通过文化资源的社会化和市场化配置，经过市场检验和竞争赢得受众认可，获得持续发展。

三国故事在中国民众中有着广泛而深远的影响，近些年甚至形成了某种热潮，这与快速发展的经济密切相关。也就是说，三国热的出现，是以经济的发展和国民的富裕为基础的。

二、湖北三国故事

荆楚之地是历代王朝政治、经济、文化活动的中心区域之一，也是军事斗争的必争地区。在中国历史上，自东汉末年至西晋统一的近百年间，魏、蜀、吴三国争雄，留下了一段段英雄故事。三国时期，湖北作为三国必争之地，是三国历史发展的中心地带。赤壁大战、夷陵之战、荆州争夺战、西晋灭吴之战等三国时期的重大战役都发生在今湖北境内。曹操、刘备、孙权、诸葛亮、关羽、周瑜等一大批三国历史人物都曾活跃在荆楚大地之上，在湖北留下了丰富的历史故事和民间传说。湖北是三国文化资源富集地，拥有各类三国文化遗址一百多处。《三国演义》120回中有70多回发生在湖北，据不完全统计，在湖北已汇集整理的三国传说有300多则。目前，已出版的关于三国传说的故事集主要有咸宁地区群众艺术馆编的《三国故事传说集》（1983年编印）；郑伯成、韩进林搜集整理的《曹操三请诸葛亮》（华中师范大学出版社1987年版）。

湖北的三国传说故事早在晋代时就已见于记载。《三国志·蜀书·先主传》裴注引晋郭颁《魏晋世语》记载："备屯樊城，刘表礼焉，惮其为人，不甚信用。曾请备宴会，蒯越、蔡瑁欲因会取备，备觉之，伪如厕，潜遁出。所乘马名的卢，骑的卢走，堕襄阳城西檀溪水中，溺不得出。备急曰：'的卢，今日危矣，可努力！'的卢乃一踊三丈，遂得过，乘桴渡河，中流而追者至，以表意谢之，曰：'何去之速乎！'"①《魏晋世语》所载马跃檀溪故事，如孙盛所言为"世俗妄说"，即民间传说，可见三国传说故事早在晋代就在民间流传。唐代诗人胡曾《檀溪》诗"三月襄阳绿草齐，王孙相引到檀溪。的卢何处埋龙骨，流水依前绕大堤"，说的便是刘备马跃檀溪的传说故事。宋代相关诗词更多，如苏轼的《念奴娇·赤壁怀古》，秦观的《风入松·西山》等。明代《三国演义》面世后，推动了民间传说的进一步流传、丰富和发展。

湖北是三国群雄争霸的主战场，这使湖北的三国传说故事独树一帜，它与湖北境内的诸多三国文化遗迹常能一一对应，具有鲜明的真实性和传奇性。在湖北地区广泛流传着刘备、诸葛亮、关羽、张飞、赵云、曹操、孙权、周瑜、鲁肃、黄盖等三国人物的传说，而地名传说同样很多，如古隆中和赤壁、夷陵、长坂坡等古战场；还有地方风

---

① 陈寿：《三国志》，北京：中华书局，1959年版，第876—877页。

物和习俗传说，如《龙凤配》《诸葛菜》等，都与三国有着千丝万缕的关系。从三顾茅庐到赤壁大战，从长坂雄风到败走麦城，这些耳熟能详的故事都发生在湖北，具有强大的生命力，历经千百年而不衰。2013年，湖北省展开了对三国传说的大规模田野调查，完成田野调查报告一万余字，建立了图、文、声、像资料数据库。后以此为基础，成功申报第四批国家级非物质文化遗产代表性项目名录。2014年11月，经中华人民共和国国务院批准，三国传说（民间文学）列入第四批国家级非物质文化遗产代表性项目名录。

戏剧与小说有着密不可分的关系，三国戏与小说《三国演义》的成书和传播亦相随相伴。湖北拥有众多的地方剧种，如汉剧、楚剧、荆河戏、清戏、小二黄、湖北越调等，在这些地方剧种和在湖北广泛流行的京剧中，都存在着大量以三国传说故事为题材的剧目。杨铎先生的《汉剧传统剧目考证》中收录汉剧三国剧目77种[1]，《汉剧剧目表》收汉剧三国戏剧目74种[2]；刘小中在《汉剧传统剧目及行当与脸谱》中收录汉剧三国剧目94种[3]（具体内容见表1）。

表1　刘小中《汉剧传统剧目及行当与脸谱》收录的汉剧三国剧目

三结义	打督邮	献刀刺董	捉放曹	汜水关	虎牢关
斩华雄	盘河桥	连环计	貂蝉拜月	凤仪亭	借赵云
辕门射戟	战宛城	白门楼 （吕布归天）	打鼓骂曹	拷吉平	战潼关 （孙秀刺曹）
白马坡	中秋月	挂印辞曹	挑红袍	过关斩将	古城会
跳檀溪	徐母骂曹	走马荐葛	小荐葛	三顾茅庐	火烧博望

---

[1] 杨铎：《汉剧传统剧目考证》（内部资料），武汉：武汉市文联戏剧部、武汉汉剧院艺术室，1958年印刷，第48—77页。
[2] 湖北省戏剧工作室：《汉剧剧目表》（内部资料），1981年编印。
[3] 刘小中：《汉剧传统剧目及行当与脸谱》，《湖北文史资料》1998年第1、2辑，第202—206页。

续表

汉阳院	长坂坡	汉津口	群英会	舌战群儒	激发权瑜
蒋干盗书	借箭打盖	祭东风	华容道	临江会	取南郡
战长沙	甘露寺（刘备招亲）	周瑜三赶	黄鹤楼	讨荆州	芦花荡
柴桑口	孔明吊孝	耒阳县（庞统带箭）	反西凉	献西川（张松献图）	拦江截斗
荆襄堂	过巴州	金雁桥	战马超	训马超	取成都
赵颜求寿（百寿图）	进柑（左慈戏曹）	文姬归汉	定军山	阳平关	查白河
水擒庞德	走麦城	滚鼓山	受禅台	兴汉图	咬膀造甲
哭灵牌	连营寨	祭长江	逍遥津	斩华佗	十烧藤甲
七擒孟获	出师表	凤鸣关	天水关	骂王朗	失街亭
空城计	斩马谡	陇西割麦	战北原	五丈原	司马师逼宫
拜灯斩颜	渡阴平	哭祖庙	禅台报（篡魏改晋）		

在所有汉剧三国剧目中，如《桃园结义》《鞭打督邮》《捉放曹》《温酒斩华雄》《三战吕布》《磐河战》《凤仪亭》《借赵云》《辕门射戟》《战宛城》《白门楼》《击鼓骂曹》《过五关》《徐母骂曹》《走马荐诸葛》《三顾茅庐》《三搜卧龙岗》《汉阳院》《长坂坡》《汉津口》《群英会》《取南郡》《甘露寺》《芦花荡》《黄鹤楼》《讨荆州》《献西川》《过巴州》《金雁桥》《取成都》《单刀会》《百寿图》《定军山》《水淹七军》《别宫祭江》《白帝城》《七擒孟获》《骂王朗》《空城计》《凤鸣关》《收姜维》《斩魏延》《度阴平》等，颇受湖北人民喜爱。

湖北还有许多地方民间曲艺形式，如流行在境内长江沿岸的武汉、荆州、宜昌等城市码头的湖北小曲，流行在鄂西恩施地区的恩施扬琴，流行在鄂西北的襄阳小曲、郧阳曲子，流行在鄂东的文曲，流行在江汉平原的湖北渔鼓、歌腔，流行在鄂东北的钢镰大鼓曲艺形式。

这些曲艺形式中的三国内容的曲目也占有重要的地位，仅恩施扬琴的主要传统曲目中就有《马跃檀溪》《回荆州》《索荆州》《三讨荆州》《捉放曹》《三顾茅庐》《貂蝉拜月》《失街亭》《斩马谡》《单刀会》《取成都》《左慈戏曹》《柴桑口》《东吴招亲》《空城计》《杀子告庙》《孙氏祭江》《收姜维》《江油关》《凤仪亭》《舌战群儒》《带剑逼宫》《智激周瑜》《走马荐诸葛》《刺卓》《群英会》《蒋干盗书》《斩公台》《草船借箭》《绞布收辽》《打黄盖》《煮酒论英雄》《祭东风》《修诏》《搜诏》《火烧赤壁》《华容道》《徐母骂曹》《拷平逼妃》《黄鹤楼》《击鼓骂曹》《水镜庄》《甘露寺》《赵颜求寿》《月下盘貂》等。湖北三国传说故事在民间曲艺中大放异彩①。

三、军山三国故事

　　武汉，这个位于中国中部的古老城市，拥有着悠久的历史和深厚的文化底蕴。在三国时期，这里曾发生过改变历史的重要事件，见证了英雄的崛起与没落。如前所述，三国时期改变当时政治格局的赤壁之战就发生在武汉地区，此战本应是曹操统一南方的重要战役，但最终曹操被孙刘联军击败，三足鼎立的格局初步形成。军山作为赤壁之战的核心战区之一，曾经历过黄盖诈降和火烧曹营等一系列惊心动魄的战争场面。这里的大军山、小军山、设法山、诸葛城、纱帽山、尸骨墩等地，不仅留下了许多三国战争文化遗迹，而且在民间留下了大量的三国传说故事。2023年11月至2024年5月，受武汉经开区的委托，华中师范大学国家文化产业研究中心组织专业团队对军山地区三国故事进行了一次全面系统的搜集工作，目前共搜集到相关传说故事

---

① 夏日新：《湖北三国文化调查》，武汉：湖北人民出版社，2017年版，第128页。

百余篇。这些三国传说故事充分体现了军山地区独特的文化特征。

(一) 地方性

军山三国传说故事多为解释性传说,具有十分鲜明的地域特色,它们与当地民众的自然环境和风土人情密切相关,深度耦合。比如,关于军山三国自然地名类与人文风物类的传说,它们通过生动的故事情节描述了关于这一地区与三国战争相关的山川、城池的由来,对这些与三国历史文化相关的自然物或人工物的来历、特征、命名原因等予以介绍、说明、解释。这类篇目有《诸葛城》《大军山和小军山》《棋盘岭》《尸骨墩》《设法山》《砾山》《观阵岭》《顿枪湖之战》《擂鼓墩与祭风台》《曹庄村》《黄陵的腌鱼、鱼圆子的由来》等,此类三国民间传说占军山全部三国故事的三分之一,从另一个角度说明了军山曾是三国战争的重要战场,这些故事是最具军山地域文化特色的三国故事。

首先是地名传说。这些地名传说故事大多是围绕赤壁之战而展开的。军山是三国赤壁之战的核心战区,现存的三国遗址多与战争密切相关,其中一半遗址为军事设施或古战场。这些地名传说故事中涉及的地名大多至今仍在使用,如《诸葛城》讲述的是诸葛亮在军山地区长江边砾山下筑城御曹军的故事;《大军山和小军山》讲述的是刘备大军凭借大军山和小军山区域的长江天然险要地势,联合东吴设苦肉计和火攻大败曹操的故事;《设法山》讲述的是诸葛亮在设法山运筹帷幄,设计败曹兵的故事;《祭风台》描写的是诸葛亮在长江边设祭风台设法引东风的故事;《观阵岭》描写的是诸葛亮与周瑜在这里一起观察魏军阵势,决定联合抗曹的故事;等等。每一个历史故事对应着一个现代地名,这是军山地区民众对三国古战场情况历代流传的历史记忆。

其次是风物传说。这类传说描写的是军山的某类地方风俗习惯、特色产品(食品)与三国战争相关的故事。如《黄陵的腌鱼、鱼圆子的由来》讲述的是诸葛亮在军山时于军中推广至今人们仍喜欢吃的美味佳肴黄陵腌鱼和鱼圆子的故事。

无论是关于三国的地名故事还是关于三国的风物故事，其重要特点就是每一个故事都有一个十分明确的与之相关的在当地的当代"遗留物"，这些故事就是力图说明和解释这个"遗留物"与三国历史的高度关联性。从某种意义上来说，这是民间留存的军山三国战争的历史记忆，是军山地区曾经发生过三国战争的民间遗迹例证。

（二）民众性

军山三国传说故事是军山劳动人民集体创作的，他们由于职业、经历、兴趣、爱好的不同，所以对事物的观察、理解，还有作为故事创作所进行的取舍、表现也不相同。他们能各显其能，突破既有三国历史故事的羁绊，多维度共同反映出军山民众生活的深度和广度、立场和观点，这是作家个人创作所不及的。

民众的生活。军山三国故事既有对历史上军山民众生活的再现，也有对现实生活中军山民众生活的描写，体现出历史画卷与现代生活的有机结合，既有深沉的历史感，又有鲜活的现实性。如《棋盘岭》讲述的是诸葛亮如何通过下棋循循善诱，引导不务正业、比武闹事的县官儿子走上正道并建功立业的故事。这个故事即便是在今天也具有重要的教育意义。《设法山》中描写了诸葛亮利用当地农村的芦苇盖设法山，用草席围帐篷，并用谷壳、土灰假装扬谷迷惑曹军的故事，而这些物质和场景正是当地农民所常见的，让人读起来既真实又亲切。再如《顿枪湖之战》中所描写的藜蒿、鱼虾龟鳖、绿荷、莲蓬，都是当地湖区农民常吃的食物和常见的场景。这些既不同于《三国演义》，也不见于《三国志》，既再现了当地鲜活的民间生活场景，更增添了历史故事的生动性。

民众的立场。三国时期，蜀国前期的主要根据地是荆州，而现军山所在地属于古荆州辖区，因此军山境内反映三国人物和事件的传说，不仅关于蜀国的传说格外多，而且体现出强烈的扬刘抑曹或褒刘贬曹倾向。军山三国故事大多是讲述诸葛亮、刘备、关羽、张飞、赵云等蜀国人物的故事，其中关于诸葛亮的故事占一半以上，如《诸葛亮喜得天书》《诸葛亮神机妙算》《诸葛亮买泥鳅》《诸葛亮对诗周公瑾》等。还有《刘备解旱》歌颂了刘备对民众疾苦的关心，《赵云投军》赞颂了刘备关心他人、重情重义的品格，《张飞大闹长坂桥》赞扬张飞勇中有谋、粗中有细，《赵子龙凿井》讲述赵子龙勤学苦练武艺的故事，《关云长千里走单骑》充分表现了关羽的忠诚勇猛等。此类传说故事都从一个侧面展现了三国鼎立的历史画卷，这些民间三国传说寄托的是寻常百姓的喜怒哀乐，以及不以成败论英雄的特点，突出了扶弱除暴的楚地民众精神，反映的是民间广泛尊崇的价值观。历代军山人在传播三国故事时，都把自己的思想意识、政治伦理观、历史评价标准、人生价值取向等尽数融入其中。

（三）教育性

军山三国故事是本地区劳动人民在生活实践中创造和传承的口头文学遗产，它们超越纯粹的三国历史记载，融入了许多深刻的思想内涵。例如，刘备追求仁义道德，关羽忠诚信义，张飞勇敢威猛，这些形象传达了民间心目中英雄的高尚品德；而刘备与诸葛亮智勇双全的策略、孙权与曹操的权谋智慧，则反映了中国古代文化中的智谋思维。这些故事融教育性、知识性、趣味性于一体，实现了多维度的和谐统一，以艺术形象的方式给人以美的享受，让读者在享受故事美的同时，也得以汲取智慧和受到启发。

智慧人生。军山三国故事是值得认真品味的人生智慧故事。军山三国故事中最吸引人的，除了那些名将战场厮杀的场景外，还有就是三国中谋士们层出不穷的计策了。不管是阴谋还是阳谋，这些计策总叫人拍案叫绝，启人智慧。被视为智慧化身的诸葛亮，作为蜀国的丞相，他神机妙算，以卓越的智慧和谋略，在乱世中发挥了重要作用。

如军山三国故事《诸葛城》中的空城计,《设法山》中的反间计,《观阵岭》中的草船借箭,《死孔明斗败活司马》中的智斗司马懿等,再现了诸葛亮善于分析形势、洞察敌人的弱点,并提出精准的战略方案,为刘备立下了赫赫战功,并影响了后世的军事策略。周瑜以其出色的智谋和卓越的军事才能,成为孙权最信任的谋士与大将之一。《火烧赤壁》等故事,讲述了周瑜巧妙地利用黄盖诈降、火攻计谋,成功击败了曹操的大军。他善于运筹帷幄,制定周密的战略,并以勇敢的军事行动赢得了战争的胜利,为东吴立下了不世战功,确立了孙吴在东南地区的强盛地位。诸葛亮和周瑜的智慧与谋略,向我们展示了在复杂的环境中如何灵活运用智慧和战略思维。军山民众在创作和传承三国故事中,学到了许多人生的智慧和道理,领略了中国传统文化中的谋略文化。这些故事使人们在现实生活中通过深入分析、全面思考和灵活运用智慧与谋略,能够在面对困难和挑战时做出正确的决策,并为实现自己的目标铺平道路。军山三国故事集伦理道德、智慧谋略、军事知识之大成,在现代社会仍然显示出无穷的魅力和永恒的价值。

仁义忠勇。军山三国故事,不仅描述战争,更通过描述战争来展示人性。军山三国故事中涌现出了各种各样的人物形象,他们在复杂多变的环境中展现出了不同的人生态度和人生选择,体现出不同的性格、理想、信念和价值观。军山三国故事中的人物很多经过了长期的文化沉积,已经超越了历史人物本身的意义,成为后人崇拜的对象。例如,诸葛亮的忠勤廉洁、刘备的仁德大度、关羽的凛然忠义、张飞的直率果敢、赵云的智勇双全,都已经部分脱离了历史的真实,而成为人们理想的英雄人物的象征。诸葛亮一生体现的宁静淡泊的情操、忠勤廉洁的品德、鞠躬尽瘁的精神,都集中反映了中华民族的传统美德。从《三顾茅庐》等故事中可以看出刘备忠厚待人、礼贤下士、求贤若渴、知人善任、心胸宽阔、重情重义的品格;从《关老爷单刀赴会》《关云长千里走单骑》中可以看出关羽的品格,他以忠诚和勇猛著称,从而成为千古忠义的象征;从《桃园三结义》中可以看出刘备、关羽和张飞的兄弟情谊;从《周瑜打黄盖》中可以看出老将军黄盖的忠诚与勇敢;等等。军山三国故事传递的是民间社会生生不息的关于是非曲直的价值观念。这些三国英雄人物所体现的人生态度和人格品质,包含了重义轻利、尊公轻私的价值观,积极有为、自强不息、提倡立德立功的人生观。这些内容对当今人们树立正确的人生观、价值观以及进行爱国主义教育都有积极意义,对于我们如何把个人的权利与义务,社会价值与个人价值统一起来,如何看待成功和失败,如何处理人际关系,如何坚持自己的原则,如何适应时势变化,如何把握机遇和应对危机等都大有裨益。这些故事能启发我们的人生思考,提升我们的人生境界。

(四)艺术性

三国故事之所以在军山广泛流传,除了其独特的地方特征,启迪智慧内容和仁义忠勇的思想外,更重要的还在于它编织了一系列曲折动人的故事情节,塑造了一系列鲜活生动的人物形象,并拥有富于表现力与生活性的民间语言。

惊心动魄的故事情节。鲁迅先生在《中国小说的历史的变迁》中说:"因为三国底事情,不像五代那样纷乱,又不像楚汉那样简单,恰是不简不繁,适于作小说。而且三国时底英雄,智术勇武,非常动人,所以人都喜欢取来做小说底材料。"他认为,三国事件的冲突繁简适中,三国英雄智勇争斗的故事动人,是三国故事吸引人的原因。作为三国故事重要组成部分的军山三国故事也同样编织了一个又一个吸引人的传说。以赤壁之战为例,作者们把战争的起因,双方统帅、谋士的斗智斗勇,战争过程的变化发展,各集团内部的勾心斗角等方面描绘得生动而完整,将战争的磅礴气势、紧张气氛以及变化莫测的场景表现得淋漓尽致,向听众展现了一幅波澜壮阔的战争画卷。如诸葛亮说服孙权、草船借箭、黄盖苦肉计、巧借东南风、火烧曹营等故事情节的虚构，使这场大战显得格外精彩，让听众听后感到荡气回肠，拍案叫绝。正是这种妙笔生花般的巧妙构思，才使军山三国故事经久不衰。如《草船借箭》故事，先写吴国因迎战魏军缺箭而着急，再写诸葛亮向吴国大将周瑜立下军令状，三天之内要弄到十万支箭，大家知道按常规这是不可能做到的，都为诸葛亮担心。接着写诸葛亮不想办法去制作箭，而是让人准备小船和稻草人，这更让人疑惑不解。三天期限将至，诸葛亮还没有其他动静，只是吩咐带着稻草人的船队快速驶向曹营。正当大家认为诸葛亮的小船队会因寡不敌众，必败无疑时，谁知因江面大雾，有重兵的曹操却不敢贸然出击，只是为防止敌人登陆，向诸葛亮小船队发射箭枝。直至诸葛亮小船队的稻草人上射满箭返回吴军营地时，大家才感到这草船借箭的计谋实在妙不可言。如《张飞对文》利用行为曲解、巧合的故事情节，使故事一波三折，起到了出人意料又合乎情理的效果。

生动鲜活的人物形象。军山三国故事塑造了一大批个性鲜明的人物形象，故事中的人物不但性格各异，而且均能通过其言行淋漓尽致地展示其独特魅力，受到人们的喜爱和推崇。比如诸葛亮的神机妙算、曹操的奸险狡诈、关羽的忠肝义胆、刘备的仁义宽厚、张飞的勇猛善战，这些充满鲜明个性和迷人魅力的人物形象给读者们留下了极为深刻的印象。

新鲜活泼的地方语言。军山三国故事将大量的当地童谣、谚语、顺口溜等民众语言用于故事的叙述，增强了故事的表现力，起到了锦上添花的作用。例如："春季'翘嘴白'腾空，不下大雨便起风；夏日蚂蟥浮水面，时不过午天要变；'秋半天'来要走暴，水里鲫鱼鼓泡泡；冬月泥鳅翻肚皮，不等鸡叫东风起。"（《诸葛亮买泥鳅》）"你不赐我磨刀雨，我就不献你衮龙袍。"（《磨刀雨》）"风不来，树不动；船不摇，水不浑。"（《诸葛亮拜师》）这些民谚和方言土语的运用，显得十分自然生动，具有浓郁地方文化色彩。

（五）多元性

从目前整理选录的近八十篇军山三国故事的来源来看，军山三国故事大致可以分为军山人原创型和改编型两大类，前者属于军山人讲述的关于本地的三国故事，后者是军山人传承的来自其他渠道而改编的故事。

军山人原创型故事。这类故事主要是由军山人讲述的与军山相关的三国故事，可能是他们自幼从老一辈那里听来的故事，是具有军山要素的三国故事，而不是一般的三国故事。当地老百姓结合三国历史事件与地方自然景观、风物风俗，将自己的人生信仰和传统价值观念融入这世代口耳相传的故事中，赋予这一方山水更多的三国人文情怀。

军山人改编型故事。这一类故事是军山人讲述的不带有军山要素的一般性的三国故事，这里说的军山人，包括现在在军山生活和工作的军山人，也包括曾在军山生活和工作过的军山人。他们很多是通过其他渠道来获取三国故事信息的，如有的故事可能来自出版的连环画《三国演义》等书报杂志，有的来自汉剧、楚剧等地方戏剧，还有的来自电视剧《三国演义》或网络，然后用自己的语言重新复述和改编，成为他们口传的三国民间故事。正是这种多渠道的传播与接受，使得三国故事历久不衰，妇孺皆知，形成了一种全民喜闻乐见的文化现象。这一方面是受《三国演义》小说的巨大影响。《三国演义》小说来源于民间文学，且保持着相当鲜明的民间文学色彩，所以它远比一般的作家文学更为广大群众所喜闻乐见。同时它又是伟大作家的伟大创作，远比一般的民间文学作品概括力强，艺术性高，所以就流传更广，影响更大，并且反过来促成和衍生出了大批新的三国传说作品。另一方面是受传统地方戏曲和当代影视作品的影响。军山人民将这些作品中的三国素材重新改编成民间故事，以民间故事的形式在民间流传。不同媒介之中的三国故事在流动性接受与传播间相互影响、相互作用，共同推动了当今的三国文化热的形成。

从三国文化到军山三国文化的开发利用

三国文化经历一千多年的演变，已经形成历史遗迹、文献记载、文学艺术以及民间传承等多种文化形式并存的局面。尽管有些问题尚存争议，但不必也不可能等学术界有了定论再进行开发利用。武汉经济技术开发区应确立武汉军山三国文化的主体地位，大力挖掘和系统梳理武汉军山三国文化资源，深入阐释武汉军山三国文化特色，积极推进武汉军山三国文化资源的有效开发利用，打造军山三国文旅品牌，建设武汉军山三国文化园区，并以此作为武汉经济技术开发区文化发展的重要方向和工作的主要任务。

一、三国文化的内涵与开发原则

（一）三国文化的内涵

三国文化是指基于三国时期的历史背景所形成的一系列文化现象和精神。这种文化不仅包括了那个时代的基本信息、后世历史文化研究的知识与经验，还涵盖了物质财富和精神财富。

有学者提出三国文化三层次说：第一个层次是历史学的三国文化观（或曰狭义的三国文化观），认为三国文化就是历史上的三国时期的精神文化，包括哲学、文学、艺术、史学、科技等方面。第二个层次是历史文化学的三国文化观（或曰扩展义的三国文化观），认为三国文化就是历史上的三国时期的物质文明与精神文明的总和，包括政治、军事、经济、文化等领域。第三个层次是大文化的三国文化观

(或曰广义的三国文化观），认为三国文化并不仅仅指三国时期的文化，而是指以三国时期的历史文化为源，以三国故事的传播演变为流，以《三国演义》及其诸多衍生现象为重要内容的综合性文化。三个层次的三国文化观，如同一组同心圆，围绕着同一个圆心，层递扩大其范畴，共同承担着阐说和研究三国文化的任务。而在实际的研究和应用中，广义的三国文化观具有更大的涵盖性和更广的适应性，更便于认知和解释很多复杂的精神文化现象①。

  本书中使用的是广义的三国文化观。广义的三国文化虽有三国历史记载的因子，但并非三国原貌，而是后人在想象的基础上创作的，更多的是由《三国演义》以及《三国演义》衍生出来的各种戏剧、小说、评弹、民间传说等生发而来的。它们虽然源于三国历史，或与史实大致相符，但多多少少渗入了文学虚构和民间三国传说的内容。尽管这些作品不能与三国历史画等号，但寄托了历代人民对三国史事的追忆和想象以及对三国人物的追慕和缅怀，表现了人们的爱憎、理想和愿望。它们的形成和演变本身，也已成为历史，从一个侧面反映了我们民族心灵变迁的历程。因此，只有从大文化的广阔视野进行观照，才能正确地认识三国文化的历史意义和当代价值。

（二）三国文化的主要特色

  三国文化有着极其丰富的历史文化内涵，是一个丰富多彩、影响深远的文化体系。它不仅反映了当时社会的政治、军事斗争，还涵盖了哲学思想、伦理道德、文学艺术等多个方面的内容，是中国传统文化的重要组成部分，在中华传统文化中有着显著特色。

  其一，三国文化是英雄文化。三国文化突出的外观印象是其强烈的英雄主义色彩。三国时代是一个英雄辈出的时代，这个时代出现了许许多多具有政治抱负和军事才能的英雄人物，金戈铁马、风云际会

---

① 沈伯俊：《沈伯俊说三国》，北京：商务印书馆，2021年版，第297页。

的动荡岁月将刘备、孙权、曹操、诸葛亮、周瑜、鲁肃、关羽、赵云、邓艾、钟会等众多英雄人物从不同社会角落汇集到历史舞台中心。他们或以文治武功割据为王，或以智术谋略运筹帷幄，或以超绝武艺纵横驰骋，或以忠肝义胆为主献身，或以卓荦不群为人仰慕。其精神气质和行为方式都以英雄的风姿在中国历史上留下了一组组鲜明而令人难忘的人物群像，从而造就了中国历史上蔚为壮观的三国英雄群体。他们谱写了那个时代雄浑悲壮的英雄史诗，成为千古流传的不朽人物。三国是我国古典英雄主义精神奠基时代，既是对东汉沉闷黑暗社会的反动，又是人性自由的大展示；既是时势与英雄的风云际会，又是英雄砥砺奋进，建功立业，纵情发挥的时代。

其二，三国文化是智慧文化。一部《三国演义》几乎大半部写的是智慧谋略，记载了大量的智谋之士安身立命、经邦济世之史实，许多人物以其超凡的智慧和谋略著称。蜀汉丞相诸葛亮被誉为中华民族智慧的化身，魏武帝曹操因玩弄政治权术被称为一代奸雄。三国文化中的智慧大致可分为三种，即政治智慧、军事智慧与人生智慧，这是三国历史留给后世的一笔珍贵文化遗产。

其三，三国文化是伦理文化。这首先就表现在魏晋以后长达一千多年的所谓蜀、魏正统之争，即三国两大政权的合法性与真伪问题。其次是三国文化所表现出来的强烈的儒家伦理道德倾向，它体现了中国古代的伦理道德和社会政治理念，如大一统国家观、仁政观、治国观等，而且在三国文化中，高层政治伦理价值取向与社会民众伦理价值取向在很大程度上保持着同向性。

三国时代虽然短暂，但它却是中国历史上一个很不平凡的时代。面对中国历史上自建立起统一的中央集权的封建帝国之后首次出现的国家分裂状态，面对社会的急剧变革，国家的动乱不止，人民的苦难，历史的责任感、使命感呼唤着有识之士为国家的命运、社稷的兴衰而奔走呼号，奋起搏击。特定的社会历史条件造就了群雄角逐、人才辈出的客观环境，形成了云蒸霞蔚、波澜壮阔的社会画卷。一代风流人物斗智斗勇，各显其能，从而使我们民族的思想、品格、精神、情操迸发出绚丽的光华、夺目的异彩。这就是三国文化魅力无穷、经久不衰的根本原因。

（三）三国文化资源开发的基本原则

习近平总书记指出："文物和文化遗产承载着中华民族的基因和血脉，是不可再生、不可替代的中华优秀文明资源。要让更多文物和文化遗产活起来，营造传承中华文明的浓厚社会氛围。要积极推进文物保护利用和文化遗产保护传承，挖掘文物和文化遗产的多重价值，传播更多承载中华文化、中国精神的价值符号和文化产品。"① 在文化经济化，经济文化化，推动中华优秀传统文化创造性转化和创新性发展、大力发展文化经济的大背景下，中华优秀文化遗产资源的开发利用是必然趋势。在利用文化遗产资源发展文化产业的过程中，一定要坚持以下基本原则：

其一，贯彻新时代文物工作的22字方针。2022年7月22日，全国文物工作会议在北京召开，会议上提出了新时代文物工作的22字工作方针，即"保护第一、加强管理、挖掘价值、有效利用、让文物活起来"，进一步突出了文物工作的重要社会价值，为做好新形势下的文物工作指明了方向。"保护第一"是前提，"加强管理"是保障，"挖掘价值"是基础，"有效利用"是路径，"让文物活起来"是目标。对于文化遗产资源的利用，要坚持把保护放在首位，始终把维护文化遗产的历史真实性、风貌完整性、文化延续性作为文物工作的根本，按照"尊重历史、尊重科学、保持原貌"的要求，本着去粗取精、去伪存真的态度和方法，在保护和传承文物的基础上，发掘文物多方面价值和文化内涵，有效利用文化遗产资源，"让文物活起来"为社会

---

① 新华社：《习近平主持中共中央政治局第三十九次集体学习并发表重要讲话》，中国政府网，2022年5月28日，https://www.gov.cn/xinwen/2022-05/28/content_5692807.htm。

各项事业所用。对于史有据的文化资源一定要按照科学性和真实性的原则予以开发；对于存在争议的文化资源，应该抱着科学性的态度，从历史地理的角度，运用各方面的实证资料进行科学的解释，保证真实反映历史。特别要避免人造三国文化、冒充三国文化的虚假现象发生。要警惕过度商业化，杜绝碎片化利用、歪曲性改编造成的遗产内涵的曲解、丢失，使文化遗产在保护中不变形，在提高中不失格。

其二，推动文化资源的创造性转化和创新性发展。文化资源利用的任务就是将其挖掘出来，进行创造性转化和创新性发展，以符合现代社会的精神需求和审美趣味，生产出更多具有鲜明时代特征的为大众喜爱的文化产品。首先，要引进现代文明要素，不断赋予优秀文化遗产资源以时代内涵，特别是与社会主义核心价值体系的建设结合，促进当代社会价值观念的重构，为建设更加和谐、更加安定，也更加富有人情味的社会服务。其次，利用具有独特价值的文化资源，为当代文化产业发展提供丰富的素材和艺术表现形式。文化遗产资源在现代文化产业中的运用，可以实现旧与新结合、传统与现代融合、保护文化遗产与发展地方经济结合，通过打造现代文化产业新品牌，树立文化产业新形象，进一步增强文化产品对当代社会生活的适应力，增强现代文化产业的市场竞争力。

其三，坚持文化产业的差异化、个性化和时代化发展。首先，发展有地域性差异化的文化产业。要在尊重当地文化传统和民族特点的基础上，弘扬文化资源所蕴含的文化精髓，发挥地方特色和优势文化的价值，开发具有地域性差异化的文化产业，增强文化产品的表现力和吸引力、市场适应力和竞争力。其次，开发能满足消费者个性化需求的产品。在研究不同地域、年龄、知识结构、审美偏好消费者需求的基础上，充分利用丰富多彩、形式多样的传统文化资源，创造出内容丰富、形式多样，既弘扬优秀传统文化，又为现代大众所喜闻乐见的满足消费者个性化需求的文化产品与服务。再次，促进传统文化产品功能的现代转化。许多传统文化资源功能在新时代早已发生重大变化，而今需要在保持文化传统的同时，将原有功能进行创新性发展，赋予新的内容，注入新的活力，研发新的产品，这样既能使文化遗产得到有效传承和保护，又能在发展文化产业中获得很好的社会和经济效益。

二、军山三国文化资源的开发利用

三国文化中的政治智慧、军事智慧、人生智慧是三国历史留给后世的珍贵文化遗产，随着历史的积淀，社会的进步，文化的交融，独有的气韵已形成。当前，正处在转型升级、振翅腾飞关键期的武汉经济技术开发区，正以创新突破的精神，敢为人先的勇气，大视野、大胸襟、大气概、大创意、大手笔，以登绝顶而小众山，观沧海而览世界，立足军山、放眼全国的气魄，大力推动经济社会的大发展。对中华优秀传统文化的创造性转化和创新性发展，已成为武汉经开区发展的重要支点。深入开发利用军山独特的三国文化资源，打响三国文化品牌战役，创造出三国文化资源应有的巨大文化效应，已成为武汉经开区委区政府工作的重点。

（一）深入挖掘三国文化资源，讲好军山三国故事

以军山新城为战略支点打造"双智之城"，与三国文化中的智慧文化不谋而合，可以考虑以"智慧文化"为主题，讲好军山的三国故事。要进一步搜集整理关于诸葛城、大军山、小军山、设法山、纱帽山等武汉军山三国文化遗址、历史文献、文艺创作、民间传说等资源，结合文物考古、文献记载和民间传说进行分析，深入挖掘并提炼武汉军山三国历史文化的精神脉络，丰富三国文化资源内涵，创造性地运用多种手段讲好军山三国故事，扩大武汉军山三国文化的影响

力。用三国文化讲好车谷故事，让三国文化在中国车谷活起来、火起来，让更多的人来感受武汉军山三国文化魅力，发挥军山三国故事教化感化人的作用，让人们从中得到乐趣和教益，汲取前进的智慧和力量。用武汉军山三国文化提升军山新城区域价值、美誉度，吸引更多"聪明的人"到武汉经开区、军山新城造"智能的车"，建"智慧的城"，为武汉经开区建设夯实历史文化根基，坚定文化自信，促进军山新城的崛起与繁荣。

（二）充分利用三国文化资源，打造军山三国文化品牌

武汉经济技术开发区有大军山、小军山、设法山、擂鼓墩、诸葛城等历史遗存和广为流传的三国故事，把这些文化资源变成文化资产，让文物说话，让历史说话，让文化说话，以文化融通产业，打造三国文化品牌，对推进武汉军山三国文化产业发展具有十分重要的意义。比如，利用武汉军山三国文化资源发展文化旅游产业。现代旅游绝不只是泛泛的游山玩水，绝不只是简单的吃、住、行、游、购、娱，而是一种开心智、怡性情、长知识、广见闻的综合性活动，带有很强的文化色彩。武汉军山三国文化可以将历史与现实连在一起，赋予旅游更丰富的文化内涵。三国文化旅游实际上是三国文化与旅游结合的产物，应充分发挥武汉军山三国文化的品牌价值，形成以三国文化为代表，以自然生态景观为依托的，集风景游赏、文化体验、休闲游憩等功能于一体的武汉军山三国文化风景名胜区。游客可在三国旅游景点观三国文物展览，看三国战争大片，赏三国戏曲美术，听三国民间故事，玩三国动漫游戏，品三国美味佳肴等，在参与多种形式的三国文化旅游活动中，加深对军山的认识，用文化软实力助推中国车谷谱写高质量发展新篇章。

（三）大力整合三国文化资源，建设军山三国文化公园

整合武汉军山三国文化资源，建设武汉军山三国文化公园，打造历史文化保护示范区、全国旅游打卡地，对提升武汉军山三国文化的综合服务功能，增强武汉经开区文化软实力具有重要意义。

第一，建设武汉军山三国文化展陈馆。将分散在武汉经开区内各地的三国出土文物、相关文献资料集中起来进行展示，为学术研究提供素材，为大众全面了解武汉军山三国文化提供可视性文物资料，既有利于文物保护，也方便大众参观考察，真正让军山三国文物和文献资源活起来。

第二，建设武汉军山三国文化大型主题雕塑艺术长堤。展现当年军山地区以赤壁之战为核心的惊心动魄的战争场面和可歌可泣的英雄人物，重现历史景象，不断丰富景区三国文化内涵，为游客提供观赏鉴识三国风云的画卷，展现出其传播历史和教化功能，让历史文化活起来。

第三，利用现代技术开展常态化、沉浸式的具有军山地区特色的赤壁之战实景演出。将传统汉剧、楚剧等地方三国戏剧搬上园区舞台，开展具有互动性、参与感的三国文化活动。如让游客装扮三国人物角色，模拟魏、蜀、吴军战场对决、诸葛亮阵法演绎、骑兵骑射等场景演艺；在军山通顺河、川江池进行水上运动表演，开展"草船借箭""火烧赤壁"等体验活动；在定点餐厅体验诸葛亮发明的黄陵腌鱼、鱼圆子等佳肴；还可以利用融媒体、自媒体传播具有军山三国元素的文艺节目，让游客在兴趣盎然中领略三国文化的魅力。

第四，建成特色鲜明的三国文化旅游小镇。依托军山独特的生态自然环境，大力挖掘军山三国古战场的文化资源，充分体现长江沿岸独具特色的山水园林城特色，把生态和文化进行组合包装，以古城形式连接诸葛亮城、大军山、小军山、设法山、纱帽山、观阵岭、棋盘

岭等三国文化遗址，建成特色鲜明的三国文化旅游小镇。

第五，在景点开发上处理好史与文、实与虚的关系。在建设武汉军山三国文化公园中，必须明确哪些是历史上实有的，哪些是后人根据历史加工的，哪些来源于民间传说以及哪些是虚实结合的，要在心中有数的前提下，融通文史，兼容并包，使历史、文学、传说相映生辉，为游客提供正确、丰富而又生动的三国文化知识，增加游客的兴致。

（四）抓住长江文化保护机遇，建设长江国家文化公园示范区

文化和旅游部、国家文物局、国家发展改革委联合印发的《长江文化保护传承弘扬规划》提出，要推动长江流域文化产业和旅游业提档升级，丰富优质文化产品供给，建设长江国际黄金旅游带，推进文化和旅游深度融合发展。从巴山蜀水到荆楚大地，再到江南水乡，长江流域十余个省份正在稳步推进长江国家文化公园建设，激活历史文化资源，挖掘长江文化时代价值，做大做强中华文化。

武汉经开区要抓住国家长江文化保护传承弘扬和建设长江国家文化公园的历史机遇，将三国文化园区建设上升到国家战略高度，厘清军山文化脉络，挖掘历史底蕴，弘扬长江文化，守护一江碧水，协同推进武汉军山三国文化的保护和开发，让人们听到文化之声，看见文化之美，领悟文化之韵。围绕产城融合，把猛士越野公园、智能网联汽车测试场打造成为长江国家文化公园武汉示范区"工业＋旅游"新名片，打造设法山三国历史文化公园、武汉体育文化休闲园、数字山海经奇幻乐园等文旅项目，建设新三馆和汉南全民健身中心，打造中国车谷国际文化体育交流中心，让文化、旅游、体育产业与汽车产业互动交融，增强中国车谷的文化传播力、影响力，奋力谱写新时代"长江之歌"，助力武汉建设长江国家文化公园武汉示范区。

三、军山三国文化的经济社会价值利用

2021 年 8 月，武汉经济技术开发区区委八届十一次全会审议通过《关于加快建设经开新区军山新城 打造中国车谷高质量发展新引擎的实施意见》，吹响了"借东风、定军山，二次创业再出发"的集结号。目前，武汉经济技术开发区正大手笔、大智慧，掀开了"借东风，定军山，二次创业再出发"的新篇章。

（一）借东风，建成中国车谷

中华民族人文始祖黄帝，相传在五千多年前发明了车。北宋《太平御览》记载："黄帝造车，故号轩辕氏。""轩辕"二字，不仅上承华夏文明源头，而且下启中国汽车工业发展正脉。因车而建、因车而兴的武汉经开区，大力传播汽车文化责无旁贷。军山新城将按照产城融合、均衡发展的总体思路，借向党的第二个百年奋斗目标迈进，武汉加快打造"五个中心"、建设现代化大武汉的"东风"，深入贯彻落实区委战略部署，立足车谷副城核心区发展定位，坚持产城融合、创新驱动的发展理念，高起点、高标准、高品质规划和建设军山新城，全面增强战略牵引能力、要素集聚能力、资源配置能力和区域辐射能力，奋力实现"追、转、超"，加快建成中国车谷崛起的重要战略支点。

抢抓 5G 新基建战略新机遇，大力推动武汉四大国家级基地之一——新能源与智能网联汽车基地建设，构建"整车厂＋上下游创新企业"的自动驾驶产业生态，不断完善创新生态，推动智慧城市与智能网联汽车"双智联动"发展，推动车谷产业创新大走廊加速崛起。园区积极融入国家发展战略，先后作为工信部"基于宽带移动互联网的智能汽车与智慧交通应用示范"、交通运输部"交通强国建设"

试点、住建部和工信部"智慧城市基础设施与智能网联汽车协同发展"试点等国家试点的核心承载区，抢占下一代汽车发展先机。聚力招大引强，东风云峰、路特斯科技全球总部、国家电投华中氢能产业基地及研发中心、康明斯东亚研发技术中心等一批重点项目纷纷"抢滩"，军山新城已经成为投资兴业的热土。时下，位于军山的国家智能网联汽车基地正在加速扩容，具有全球领先水平的智能网联汽车测试场加快建设，全面覆盖5G通信网、高精度地图、北斗高精度定位网等尖端智能基础设施，具备L4级以上自动驾驶汽车测试运行条件，推动中国下一代汽车产业走在全球前列，打造万亿世界级汽车产业集群。从"跟跑"到"并跑"甚至"领跑"，中国车谷正推动中国制造走向中国创造，出发点仍然在军山。

（二）借智慧，打造"双智之城"

赤壁之战是以弱胜强的典型战例，而其背后是孙刘联军以智取胜。军山新城打造"双智之城"，与三国文化中的智慧文化不谋而合，可以"智慧文化"为主题，提升军山新城的历史文化底蕴和影响力。

武汉经开区智慧生态城于2015年设立以来，特色产业不断集聚，中建三局绿投总部、湖北工建科技产业园、建筑业总部大厦、金发科技研发中心等重点项目相继落户，为武汉经开区高质量发展再造新引擎、增添新活力。武汉经开区大力实施创新驱动发展，华中科技大学军山校区、武汉理工大学"三院"相继落户，武汉新能源汽车工业技术研究院、中科先进院武汉分院、哈工大机器人集团武汉国际创新研究院、中开院武汉创新孵化基地等科技创新智慧平台相继投入运营，科创产业链初具雏形，高层次人才加速集聚，原创成果不断涌现。

智慧生态城中，现代化建筑如春笋拔地而起，以未来科技感十足的独特外形傲立于川江池旁，这里有国家新能源与智能网联汽车示范区，沿江总部经济区、龙灵山国际文化旅游区等核心发展区域，5栋科技智能化大楼远观形似巨型竹笋，因此得名"春笋"。科技智能化大楼总建筑面积12万平方米，采用BIM数字化技术建造，5G通信网络覆盖，大楼内规划有无人零售超市、无人打印、共享充电等智能化商业配套，积极引入无人驾驶的清扫车、售卖车、快递车等多种自动驾驶车辆和应用场景，已经成为武汉经开区蓬勃向上的重要标志。

目前军山已基本形成沿江总部经济区、川江池城市功能和科技创新区、大军山高端智造产业区、龙灵山国际文化旅游区等四大核心发展区域。军山科创区、凤凰智造区、中央活力区、龙灵文旅区、车谷中央公园"四区一园"初具形态。

（三）借自然，建设"生态之城"

武汉经开区面积近500平方公里，辖沌阳、沌口、军山、纱帽、邓南、东荆、湘口7个街区，河湖纵横，土壤肥沃，自然环境得天独厚。其东临奔腾的长江，通顺河蜿蜒其中，大军山、小军山、龙灵山、设法山、砾山、凤凰山等16座山峰峦叠翠，东荆河、通顺河、马影河等15条河流纵横交错，汇入长江，官莲湖、三角湖、太子湖、万家湖、汤湖等26个湖泊星罗棋布，自然生态环境优越。

武汉经开区践行"绿水青山就是金山银山"理念，确保"一江清水永续东流"，始终坚持"绿色优先"的高质量发展路径，严守生态发展底线。按照以产兴城，以城促产，产城融合，均衡发展的思路，打造产业集聚高地、人口集结热土，建设宜居宜业的科技新城。2015年，武汉经开区在军山地区成立智慧生态城园区之初，就确立了走"生态优先，绿色发展"路线。在规划面积近90平方公里的范围内，三分之二是生态绿地，严格控制开发，三分之一可供开发的土地未计划引入工业项目，全部为现代服务业，布局人工智能和数字经济相关产业。

当下的军山地区，深入贯彻绿色、生态和高质量发展理念，更加突出创新和绿色引领，强化低碳交通体系和绿色建筑的应用。以融创·首创武汉经开国际智慧生态城为依托，建设"智慧长江活力中心""产城融合创新样板区""国际生态文化旅游区",强化城市服务配套和高端特色城市功能,打造未来城市亮点区块。创建龙灵山公园4A级景区,经过生态修复,龙灵山由废弃矿坑蝶变武汉市内最大的生态公园,山地丘陵、林木草地、湖泊湿地构成完整自然生态系统,被誉为"武汉第一绿肺"。经开区融入历史文化、人文风貌,充分"留白",厚植生态底色,最大限度地节约资源,让人、建筑、自然和谐共生,成为"绿色崛起"典范,推动了人民群众幸福指数再升级。

鸟瞰军山新城　来源:武汉经开区融媒体中心

君不见东风浩荡,凤凰归来,日富月昌。军山,得天时,占地利,开启现代工业的大智慧,义无反顾地扛起了中国车谷的重任。军山新城紧紧围绕"借东风、定军山,二次创业再出发"战略部署,赓续历史血脉,永葆"闯"的精神、"拼"的劲头、"干"的作风,加快推进创新驱动和产城融合发展,全力打造未来之城、希望之城、创新之城,为武汉打造新时代英雄城市、湖北建设全国构建新发展格局先行区贡献力量。

中编

故事选粹

诸葛城

在我们黄陵老街北边砾山脚下的长河边有一座土城,叫诸葛城。

相传,东汉末年,军阀混战,天下大乱。曹操基本统一北方后想要吞并江南,统一天下,于建安十三年(208年)春,亲自率领大军南征荆州,企图消灭孙权和刘备。曹操在当阳长坂坡击溃刘备军,刘备退至夏口,诸葛亮在长江边砾山脚下的长河边筑城以御曹军。诸葛亮为什么会选择在这里筑城呢?因这里湖水辽阔,河网密布,舟楫纵横,适合南方军水战,东可由通顺河,也就是沌水进入长江,北可沿长河入汉水,西能由沔水上江陵。再者,砾山地势险要,林木葱茏,还能隐蔽千军万马。

土城很快筑成了,诸葛亮与刘备在城中设立军帐议事,命赵子龙在长河与通顺河的芦苇和莲荷中埋伏弓箭手,并同时召集兵士在城内屯集柴草及硫黄、火硝等物,以防曹兵来犯。

诸葛城　来源:刘福华摄

这一天,曹操果然率兵从江陵赶来,他的北方军不习水战,就连驾船摇桨也不会,大部分士兵还晕船。当他们进入通顺河时,被埋伏在那里的弓箭手沿途射击,死伤无数。曹操一边躲避一边拼命催船前进,赶在天黑之前终于走出了莲湖,来到诸葛城下。他小心翼翼地望着城头,居然不见一点动静。过了一会,他带领将士攻进城内,想不到原来是一座空城,城内地上铺满了厚厚的树枝和杂草,软绵绵的就像床褥。曹军本来在船上折腾得够苦了,加上头晕,纷纷倒头便睡,很快进入了梦乡。曹操这时也打不起精神来,只好让他们睡去,他自己则带着几名大将到城外的村子里另找住处去了。五更时分,诸葛亮命令弓箭手向城内齐射火箭,引燃了树枝杂草和藏在底下的硫黄、火硝。曹操突然从睡梦中惊醒,他跑出门一看,只见诸葛城方向火光冲天,哭嚎声一片。他知道中了诸葛亮的计,无计可施,还是三十六计走为上计,慌不择路逃命去了。

曹军退走后,刘备派诸葛亮赴柴桑会见孙权,共谋抗曹大计。没想到当时东吴部分谋臣慑于曹军号称八十万的声势,主张议和,孙权在和战之间犹豫不决。诸葛亮当即邀鲁肃、周瑜来诸葛城,与刘备一起对当前的形势作深入的分析,并实地观看火烧曹军的战例,指出曹军远征疲惫,不服水土,不习水战,只要善于利用曹军的这些弱点,联合抗曹,定能取胜。鲁肃、周瑜看见诸葛亮用火烧曹军,突然来了一股劲,随即回去劝说孙权,因而坚定了孙权联合抗曹的决心。

不久,诸葛亮与周瑜又在诸葛城密谋破曹之计,他们两个人各自在手掌上写了一个字,摊开一看都是一个"火"字。至此,孙刘联军达成共识,准备实施火攻。临行时,周瑜还要诸葛亮借箭十万支和借东风助火攻,诸葛亮很爽快地答应了,后面就有了赤壁大战的故事。这个土城因为和诸葛亮关系蛮大,所以就叫诸葛城了。

原载武汉经济技术开发区军山街文化体育服务中心组编:《古镇传奇——军山街民间故事传说集》,华中师范大学出版社,2016年版,第1—2页。

异文1：诸葛城

在武汉经开区黄陵老街北边砾山脚下的长河边有一座土城，叫诸葛城。这座土城由于时代久远，现在只有一些古老的痕迹，但是关于它的故事却流传了下来。

东汉末年，公元208年春，曹操亲自率领大军南征荆州，企图消灭孙权和刘备。曹操在当阳长坂坡打败了刘备的军队，刘备退到夏口，诸葛亮在长江边砾山脚下筑城以御曹军。诸葛亮为何选择在这里筑城呢？因为这里湖水很宽，舟楫纵横，便于南方军士水战。它东可由通顺河进入长江，北可沿长河入汉水，西能由沔水上江陵。再者，砾山地势险要，林木茂密，能隐蔽千军万马。

土城很快筑成了。诸葛亮与刘备在城中设立军帐议事，命赵子龙在长河和通顺河的芦苇荡中埋伏弓箭手，同时召集将士在城内屯集柴草及硫黄、火硝等物，以防曹兵来犯。

这一天，曹操果然率兵从江陵赶来。他的北方军不习水战，就连驾船摇桨也不习惯，大部分士兵还晕船。当他们进入通顺河时，被埋伏在那里的弓箭手沿途射击。曹军边战边退，死伤无数。曹操拼命地催船前进，赶在天黑之前终于出了险境，来到了诸葛城下。曹操小心翼翼地望着城头，居然不见一丝动静。过了一会，他带领将士进入城内，想不到原来是一座空城，城内地上铺满了厚厚的杂草，软绵绵的就像地毯一样。曹军因在船上折腾得精疲力尽，加之晕头转向，纷纷倒地便睡，很快进入了梦乡。曹操这时也打不起精神，只好让士兵睡去，他则带领几名大将到城外的村子里寻找住处去了。五更时分，诸葛亮命弓箭手向城内齐射火箭，引燃了地上杂草和藏在底下的硫黄、火硝。爆炸声惊醒了睡梦中的曹操，他跑出门一看，只见诸葛城方向火光冲天，哭嚎声一片。他知道中了诸葛亮的计，便慌不择路地逃命去了。

曹军撤退后,刘备派诸葛亮赴柴桑会见孙权,共谋联合抗曹大计,这是后话。从此,诸葛土城留了下来,成了一处战略要地,直到晋代才朽毁无形了。

李正华　王宝君　欧阳焘　搜集整理

原载武汉市蔡甸区民政局、《武汉市蔡甸区地名故事》编写组编:《蔡甸地名故事集》,武汉出版社,2021年版,第309—310页。

异文2:诸葛城

在武汉市汉南区的黄陵老街北边碌山脚下,有一座著名的诸葛城,这里曾经见证了三国时期的一场重要战役。

东汉末年,曹操率大军南征荆州,企图消灭孙权和刘备。刘备在当阳长坂坡战败后,选择听从诸葛亮的建议,退至武汉汉南的碌山脚下筑城,以御曹军。诸葛亮之所以选择在这里筑城,是因为这里江河港汊密布,很适合水军作战。

土城建成后,诸葛亮与刘备在城中设立军帐议事,命赵子龙在长河和通顺河的芦苇莲荷中埋伏弓箭手。

曹操果然率兵从江陵赶来。但大多数北方人不习惯水战,当他们进入通顺河时,被埋伏在那里的弓箭手沿途射击,死伤无数。

此后,诸葛亮赴江西会见孙权,共谋抗曹大计。他用诸葛城一战的实力鼓舞了鲁肃、周瑜,坚定了他们联合抗曹的信心,并最终取得了胜利。诸葛城见证了三国时期的英勇和智慧。

讲述者：张长生

出生年份：1960 年

民族：汉族

文化程度：大专

职业：教师　个体户

记录地点：湖北省武汉市汉南区薇湖路社区

记录者：郭子奇

整理者：胡小可

记录日期：2024 年 5 月 7 日

大军山和小军山

大江东去气如虹,烟波浩荡此山雄。
两岸飞花三国地,千里柳堤五月风。
日寇炮击中山舰,魏武兵折黄盖篷。
楼台煮酒鱼龙跃,故垒浮云落日同。

大军山　来源:武汉经开区融媒体中心

大军山在长江北岸,海拔 197.3 米,与南岸的江夏槐山隔江对峙,形同锁钥,异常险要,是长江中游的天然门户之一,在军事、交通上具有重要的战略意义,为历代兵家必争之地。大军山之名始见于一千多年前北魏地理学家郦道元的《水经注》:"江水东径大军山南。"明嘉靖年间的《汉阳府志》记载:"(三国时)吴、魏相战,陈兵两山之间,故以大、小军山名。"三国时期,吴、魏在此屯兵交战,刘备军师诸葛亮在此屯兵作战的故事千百年来为这里的人民津津乐道。

小军山与大军山相距约十里。传说建安十三年(208年),刘备军队被曹军打得节节败退,当军队退至军山街东两公里处时,诸葛亮谋划,孙刘联军在小军山阻挡曹军的进攻。曹操中了诸葛亮的计谋,贸然进攻刘军。然而，诸葛亮坚守小军山，用计阻击曹军，结果曹军伤亡惨重。曹操命人将阵亡将士的尸体收堆掩埋于此，所以该土堆现称尸骨墩。当时，诸葛亮、周瑜、黄盖在小军山密谋火攻曹军之计。孙、刘双方决定用火攻曹营时，诸葛亮筑起祭风台祈求东南风助威。

"魏武兵折黄盖篷"，讲的是三国赤壁之战的故事。有说三国赤壁之战发生在大军山这里。东吴大将黄盖与都督周瑜设苦肉计，黄盖诈降曹操，以篷布遮盖装满火药的木船，驰入曹

小军山　来源：刘福华摄

操水军中，烧死曹军战船人马无数。这就是著名的赤壁之战。据郦道元《水经注》载，周瑜与黄盖诈降曹操，正是在大军山。明末张献忠、清代洪秀全、近代北伐战争、抗日战争时期的保卫大武汉战役等，都曾在大军山这里屯兵鏖战。

原载武汉经济技术开发区军山街文化体育服务中心组编：《古镇传奇——军山街民间故事传说集》，华中师范大学出版社，2016年版，第3—4页。

异文：大军山和小军山

我们军山这边有大军山、小军山，那么大、小军山名字是怎么来的呢？当地大致有三种说法。

第一种说，就是因为两座山的大小高低不同，一个高大一些，一个低矮一些，所以把高大一点的那座叫作大军山，低矮一点的那座叫作小军山。大、小军山曾是三国时驻扎部队的地方，当时曾在这里摆开战场。相传三国时期，曹操下江南有十几万人马，而刘备呢，打了败仗之后只剩下一两万人马，东吴也只有四五万人马。按照兵马数量来讲，孙、刘两家加起来的人数都不及曹军一半，曹操占优势很大。但在我们大、小军山这里，孙刘联军打败了曹操的军队，成就了历史上一场以少胜多的经典战役。

第二种说，大、小军山的叫法和当年诸葛亮的屯兵人数有关系。大军山和小军山的区别在于屯兵人数，诸葛亮的主要人马驻扎在大军山那边，兵马多一些，而小军山的兵马就少些，所以就叫大军山和小军山。

第三种说，大、小军山的来历是因为驻扎军队的不同。大军山是曹操屯兵的位置，小军山是刘备屯兵的位置。大、小军山两山对峙，曹操、刘备两军就在这里对垒。

讲述者：肖术祖（得胜村）　王德超（张王庙村）　周学思（硃山村）　周学固（硃山村）　方建华（万家湖社区）

记录者：任　正　马振钊　郭子奇　张恩荣　胡小可

记录时间：2024年2月23日　2024年4月24日

记录地点：湖北省武汉经开区蒲潭社区　湖北省武汉经开区凤凰苑社区　湖北省武汉经开区万家湖社区

大军山之战

东汉末年,群雄割据。曹操说:"我这是奉天子之命来统一天下的!"实际上呢,他就是想吞并整个天下。他亲率雄师南征,旌旗所指,所向披靡。当时的刘备羽翼未丰,不堪一击。他开始就失去了新野,后来又败走当阳,逃到汉南。然后呢,他就向族人夏口太守刘琦借地喘息。刘琦虽然不是曹操的对手,但是碍于族人的面子,就把大军山这一带借给刘备屯兵。如此一来,对他自己也有一定的好处,双方形成了掎角之势,可以抗曹。

刘备的军师诸葛亮登上大军山,在山上环顾,仔细考察。他一看就诗兴大发:"巍峨镇八荒,奇横锁大江。怪岩飞浪外,惊涛出峰旁。妙哉!举此冠群雄关,曹贼指日可破也!"他当即下令就地取材,在大军山的半山间筑起一座环岭土城。

土城完工没几天,探子来报,说曹军大将曹洪率三万精兵,从守地樊城杀来,不要几天就可以赶到。当时正值隆冬季节,天寒地冻,滴水成冰。诸葛亮灵机一动,下令泼水浇城。一夜之间,大城披上了厚厚的冰壳,坚而又坚,滑之又滑。

三天之后,曹军果然到来,曹洪率军攻城。诸葛亮稳坐钓鱼台,凭城坚守,并不出击。曹军冲到土城脚下,头遭滚木飞石,脚踩滑溜冰坡,即使有再大的能力,也没有立足之地,一群群,一批批,血肉横飞,滚落山下。曹洪大败,只好收兵扎营,准备埋锅造饭。

这时候,曹洪突然听到守城的兵将一齐大喊:"老狗曹洪,休称英雄!不敢攻山,是个狗熊!"

曹洪一向暴躁傲慢,听到如此辱骂,顿时暴跳如雷,率军空腹攻山,结果败得更惨。他哪知这就是诸葛亮设的计!他连续攻山十多天,城没攻进去,兵将伤亡过半,士气消沉,斗志丧尽,怨声载道,并且有很多士兵逃亡。

诸葛亮一见时机成熟，立即命令关羽率千余主力军冲杀下山，就像猛虎扑疲羊，杀得曹军人仰马翻，争相逃命，一路自相践踏，尸横遍野。曹洪已成惊弓之鸟，溃败中仅有数百残部相随，连夜逃回了樊城。大军山之战刘军初战告捷。

大军山之战，为刘备赢得了一方屯兵之地。而孙权起初畏惧曹操，经过大军山之战之后，他就看到了成功的希望，这才同意联合抗曹。

讲述者：张长生

出生年份：1960年

民族：汉族

文化程度：大专

职业：教师 个体户

记录地点：湖北省武汉市汉南区薇湖路社区

记录者：郭子奇

整理者：胡小可

记录日期：2024年4月26日

大军山武侯庙

很多人都知道大军山顶曾有座古碧云寺，却不知比碧云寺更古老的名称——武侯庙。东汉末年，诸葛亮以大军山为根据地，以江河港汊为战场，运用傲人智慧，创造了一个又一个以弱胜强的辉煌战绩，终于建立了实力强大的蜀国。

大约在北宋大观年间，为了纪念诸葛亮的丰功伟绩，后人就在大军山的土城遗址以东，为诸葛亮修建了一座武侯庙。武侯，是后主刘禅在诸葛亮死后为他追加的封号。漫漫千余年，武侯庙历代香客踊跃，香火旺盛。

大约清末时期，湖北䉕洲湾有对渔民父子，他们从长江上过，遇到了大风雨，父子二人很害怕，念叨着："菩萨保佑啊！如果我们这次脱险，我们一定要重修大军山上的寺庙！"不一会儿，这江面上的风雨就停了。这两父子为了信守诺言，就从北京碧云寺请来工匠师傅，按照北京碧云寺的图纸，重修了武侯庙。武侯庙也因此更名为碧云寺。所以后来别人只知道碧云寺，却不知道武侯庙。

虽然武侯庙更名了，但是人们对诸葛亮的崇敬之情丝毫不减。

讲述者：张长生

出生年份：1960 年

民族：汉族

文化程度：大专

职业：教师　个体户

记录地点：湖北省武汉市汉南区薇湖路社区

记录者：郭子奇

整理者：胡小可

记录日期：2024 年 4 月 26 日

纱帽山

在武汉市汉南区,有一座纱帽山。其实纱帽山在三国时期叫百人山,又叫百人矶。长江沿岸有许多的石矶。所谓石矶,就是延伸至江中的山石。

纱帽山　来源:刘福华摄

纱帽山位于长江之滨,因为山体较小,且有树木掩蔽,许多军马可以藏在这里面,所以三国时期便成为黄盖火烧赤壁的理想地点。据《水经注》记载:"江水左径百人山南,右径赤壁山北,昔周瑜与黄盖诈魏武大军处所也。"相传赤壁之战时,黄盖率领十艘战舰和百名勇士,在这里下手纵火,成功地烧毁了曹军的主力人马,帮助孙刘联军取得了赤壁之战的胜利。这一历史事件在明朝嘉靖年间的《汉阳府志》中也有记载。

正因为黄盖带领了百名勇士埋伏在这里,所以这座山就被后人称作百人山,矶名也随之改为百人矶。这个地方见证了黄盖和周瑜的英勇和智慧,也见证了赤壁之战的辉煌和荣耀。

讲述者:张长生

出生年份:1960 年

民族：汉族

文化程度：大专

职业：教师　个体户

记录地点：湖北省武汉市汉南区薇湖路社区

记录者：郭子奇

整理者：胡小可

记录日期：2024 年 4 月 27 日

棋盘岭

传说黄陵矶幸福桥那里的一座小山岭是三国时期刘备与诸葛亮下棋的地方,人称棋盘岭。

棋盘岭　来源:刘福华摄

距今 1800 多年前的三国时代,爆发了一场以弱胜强的著名战役——赤壁之战。孙、刘联手,打败了号称有八十三万人马的曹操大军。

公元 208 年的夏天,长江上骄阳似火,暑气升腾,曹操破荆州,迫使刘琮投降。浩浩荡荡的曹军从江陵沿江而下,战船千里相连,战旗遮天蔽日。曹操志得意满,趾高气扬,在船头对江饮酒,横槊赋诗,可谓意气风发!而此时刘备兵败,躲在砾山下的诸葛城里焦虑不安。

这一天,赵子龙突然来禀报,说军师不见了,刘备惊慌失措,立即与赵子龙到处寻找。他们找到附近的一处小山岭上,看见诸葛亮正坐在一块平面石边思考着什么,石上画着纵横十几道方格子,放着一堆黑白颜色的石子。

见刘备到来,诸葛亮连忙招呼:"来来来,主公,坐下来下棋玩会儿吧。"

刘备心里想:"曹操的大军都快杀到大军山了,孙权转眼就支撑不住了,这个时候还有闲心下棋啊?"可是,军师要他下棋,他不得不耐着性子应付一下。刘备无心对弈,几次想放下手中的棋子转入其他话题,而诸葛亮却紧紧抓住不放,一个劲儿地围追堵截,没几下就把刘备的棋子吃光了。

刘备见诸葛亮在大军压境之际镇定自若,饶有兴趣地下棋,闭口不谈大战之事,心里实在捉摸不透。赵子龙看到军师如此,不禁心中焦急万分,几次凑近他耳边说:"主公是来询问破敌计划的。"

诸葛亮只是随便说了句"到时再说吧",一门心思专注下棋。赵子龙坐立不安,又不敢再追问,可又放不下心,一直等到主公与军师下棋下到夕阳西下才转回诸葛城。吃晚饭的时候,诸葛亮还一边吃饭一边谈论棋局,刘备也只好支支吾吾应着声。

第二天清晨,诸葛亮又在山岭上摆弄棋局,等刘备与赵子龙到来,他又急忙拉着主公下棋,闭口不谈御敌之事。诸葛亮从从容容,好像没事一样,不慌不忙,行棋如行云流水,下得潇洒自如,得心应手。而刘备与赵子龙等人,一个个心事重重,心里惦记着战事,棋下得前后矛盾,不是昏着就是臭棋,一个个都败下阵来。直到日落西山诸葛亮才尽兴而归。

刘备与赵子龙深受诸葛亮的感染,知道诸葛亮一定是胸有成竹了,所以回去后各司其职,照常练兵。兵民们一看,也是人不慌,阵不乱,军民上下,严阵以待。

这一天,东吴大都督周瑜派鲁肃来诸葛城探听虚实,诸葛亮陪着他一路观看军士演练,鲁肃心里暗想,这诸葛亮鬼点子多,虚虚实实摸不到底细,要摸还得摸他这个人的心计。诸葛亮也看清了鲁肃的心事,便把他领到那处山岭上去下棋。鲁肃是东吴棋坛的高手,很多人与他对弈都会败下阵去,可是这次与诸葛亮对弈却输得一塌糊涂,他的棋子被诸葛亮吃得个精光。

鲁肃虽然落了个败局,但心理上却有了克敌制胜的把握,因为他在诸葛亮投子布局时体会到,诸葛亮不仅攻击力很强,而且防御能力也超强，进退左右都有默契的配合。回去后，他把自己与诸葛亮下棋时的想法告诉周瑜，两人从棋局想到战局，对孙、刘联合抗曹有了必胜的信心。

原载武汉经济技术开发区军山街文化体育服务中心组编：《古镇传奇——军山街民间故事传说集》，华中师范大学出版社，2016年版，第6—7页。

异文1：棋盘岭

有一个故事是说诸葛亮在棋盘岭与老百姓下棋。当地有一位姓朱的县官仰慕诸葛亮，想把自己那不争气的儿子带来拜师。他虽然为官不错，把这个地方治理得很好，在老百姓中也有好口碑，但有一件事情让他很忧虑，儿子朱虎虽长大成人，快20岁了，却不务正业，游手好闲，聚朋比武斗狠，经常招惹祸端。

曹操军来到长江后，朱虎坐上木船在河里荡来荡去，玩得连饭也顾不上吃，家也不回，母亲的话也不听了。他母亲说："老爷啊，你只顾忙于处理百姓大事，儿子朱虎越来越不像话了，你也不管管，以后怎么能替你干大事呀！"

县官沉默良久，心想："要使朱虎改邪归正，必须先请一位高师教教他，必先稳其性，娱其心，再教他学会几样本领才行。"他便对妻子说："你让人把朱虎找回来，再让他到山岭那里去等我。"

这时朱虎正在长河里和一群小伙子戏水，忽见父亲的几个衙役不容分说，强拉扯着他来到山岭上，把弓箭塞到他手里，对他说："你父亲和母亲叫你来山上打猎，你可得给父母装点门面啊。"

朱虎心想："射箭的本领我又没学会，咋打猎呢？"朱虎看山上荆棘满坡，望天空白云朵朵，哪有什么兔子、飞鸟呢？这明明是父亲母亲难为自己！"哼，打猎我就是不学，看父母能把我怎么样！"衙役们好说歹劝，朱虎就是坐着动也不动。

一伙人正吵嚷着，他父亲从山上搀扶着诸葛亮下来了，朱虎一听是神机妙算的军师诸葛亮，连忙拜倒在地，连称："先生在上，小子请先生传道授业解惑。"

诸葛亮立即拉着他坐到一块石头上，问："不孝子啊，你也不小了，快20岁了，还不走正道，猎也不会打，田也不会种，等着将来饿死吗？你看山下这么广阔的土地，这么好的山河，你就不操一点心，帮你父亲把土地、山河、百姓治理好吗？"

朱虎眨了眨眼睛，说："曹操太欺负人，带这么多人来打我们，我要学领兵作战，把曹操赶回去。"

诸葛亮一听朱虎说出如此胸怀大志的话，连连称赞说："你就跟我学行兵征战的石子棋吧，石子棋学会了，用处也大着哩。"

朱虎听先生叫他学下石子棋，心里很高兴，想着"下石子棋还不容易吗？坐下一会儿就学会了"。朱虎要先生立即教他。

诸葛亮说："哪有一朝一夕就能学会的东西，你只要肯学就行。"说着蹲下身，用箭头在一块平坡山石上用力刻画了纵横十几道方格子，让卫士们捡来一大堆山石子，又分给朱虎一半，手把着手地将自己在率领部队征战过程中如何利用石子表示前进后退的作战谋略传授给朱虎。旁边的那些小伙子也围着观看，直至太阳要落山的时候，诸葛亮教朱虎下棋还是那样的尽心尽力。

此后一段时日，朱虎学棋很专心，也不到外边游逛，他父母心里也踏实多了。诸葛亮对那县官说："石子棋包含着很深的治理百姓、军队、山河的道理，朱虎胸怀大志，且有正义感，他一定会走正路，做一个有作为的人。"

后来，朱虎带着那帮弟兄参加了刘备的部队，跟着赵子龙学作战。

他心中有棋局，善于谋兵布阵，因而打了很多胜仗，成长为一名将军。后来，他解甲归田，在下棋的山岭下造房居住，每天带领乡亲们上山下棋。后来人们称这山岭为棋盘岭。

李正华　欧阳焘　搜集整理

原载湖北省武汉市蔡甸区民政局、《武汉市蔡甸区地名故事》编写组编：《蔡甸地名故事集》，武汉出版社，2021年版，第313—314页。

异文2：棋盘岭

　　我们这边有一座棋盘岭，为什么叫这个名字呢？据说是三国时期，蜀国的诸葛亮曾经跟魏国的司马懿两个在这里下棋，比输赢，所以叫作棋盘岭。诸葛亮和司马懿都是三国时期极其有智慧的人物，他们不仅在战场上博弈，还曾在这里对弈。后人为了纪念这场空前绝后的对弈，就称该地为棋盘岭。

　　也有人说是诸葛亮和刘备在这里下过棋，所以叫棋盘岭。面对八十三万气势汹汹的曹军，刘备和一众蜀国将士都有些慌乱，心里底气不足。诸葛亮故意将众人聚集到一处，摆好了棋盘，邀请刘备对弈。起初，刘备对诸葛亮的行为感到不解，心思并不在下棋上，只担心日后与曹操大战的情形，根本无心对弈。刘备每每想问诸葛亮如今的形势该如何解决，都被诸葛亮下棋的猛攻局势所打断。久而久之，刘备受到诸葛亮的影响，在下棋的过程中慢慢静下心来，领悟到诸葛亮似乎胸有成竹，眼下劣势并不是无法解决的。因此，在之后的练兵过程中，刘备也逐渐冷静下来，让将士们踏实训练，大大地稳定了军心。

讲述者：王庆洪（沿河村）

记录者：任　正　马振钊　郭子奇　张恩荣　胡小可

整理者：郑　超

记录时间：2024年2月26日

记录地点：湖北省武汉经开区凤凰苑社区

尸骨墩

川江村东 1 公里处有一个墩子，名叫尸骨墩。听老一辈人说，那几年开河挑堤，他们就在这墩子底下掏出过一堆堆的尸骨。这些尸骨是从哪里来的呢？对此，当地人说法很多，归纳起来大体分为三种。

尸骨墩　来源：刘福华摄

一说这是新石器时代尸骨墩遗址。该遗址总面积约 10 亩，北靠东荆河河堤，西 1 公里处为设法山，南 200 米处为川江池，东、西、南面均为水田环抱。在这个地方出土的史前文物有石斧、石凿、陶网坠、高圈足、圆形和鸭嘴形鼎足、各式口沿陶片、鹿角化石、鳖甲化石及红烧土等。这个遗址系圆形土墩，1984 年文物普查时被发现。文化层高 1.5 米，保护尚好。从采集的标本断代，属新石器时代遗址。1988 年，被列为市级文物保护单位。

据《汉阳县志》载：境内多次发掘的古代遗址表明，早在 16000 多年前，这块土地上就有人群生息繁衍，他们自制石斧等工具从事狩猎捕鱼活动，还利用制陶技术烧制鼎及陶网坠等用品。中国最早的陶器出现于新石器时代早期。大约在距今 15000 年前，首先在中国南方可能已经开始制陶的试验，到距今 9000 年前左右大致完成了陶器的发明和探索。尸骨墩遗址佐证了本地区先民早期的生活状况。

二说此尸骨墩是三国时期赤壁大战时曹军的尸骨墩。曹操在统一北方之后，亲自统领83万大军乘势向江南进军，同时攻打两个敌人，企图一举消灭孙权和刘备。在这关键时刻，孙、刘集中力量联合抗曹。江南是水网密布的地区，利于水战，而曹军长期在北方征伐，不习水战。曹操在进军之前虽然训练了一些水军，但战斗力不强；在进军中虽然又收降了荆州水军，但军心不稳。在这种情况下，要同以水军立国的东吴进行水上较量，显然是舍长就短。孙刘联军面对强敌而不惧，扬水战之长，巧施连环计，用火攻，以弱胜强，大败曹军。那一仗杀得曹军尸横大江，东风刮着漫江浮尸堆积在岸边。当时，人们把这些尸体打捞起来，挖了一些大坑埋葬于此。20世纪70年代，在大兴农田水利建设时还挖出了许多尸骨。

三说是元朝末年陈友谅军队的尸骨墩。那时，朱元璋举旗造反，在集庆自称吴国公，被已在江洲称大汉皇帝的陈友谅视为眼中钉、肉中刺，一心想吃掉他。结果呢？陈友谅反被朱元璋撵到了武昌。陈友谅不服气，就把兵带到军山，想借长江天险与朱元璋一决高下。当时，朱元璋驻在上游，陈友谅驻在下游。朱元璋天天出兵攻打陈友谅却没有占到便宜。为什么呢？朱元璋是"巡山虎"，虎行水路施展不开；陈友谅是"坐山虎"，虎踞军山，八面威风。朱元璋一时斗不过。

有一天，朱元璋闷闷不乐，就来到湖边散心。当时正值六月季节，湖里开了很多莲花，十分好看，朱元璋禁不住采了一朵，观赏了一会，又往湖里一丢，他看到莲花浮在水上，顺水流走了。突然他灵机一动，计上心头，大叫道："有了！有了！陈友谅即日可破了！"便令手下赶做出十万个莲花灯，通通点燃，趁天黑放在湖里，顺水流去。紧接着，朱元璋带领全部人马，从旱路出发，神不知、鬼不觉地绕到了陈友谅的背后。

十万莲花灯照红了半边天，陈友谅一见，慌了，只当是朱元璋从水上打来了，忙把全部人马调到前寨，准备迎战。火光越来越近了，陈友谅只见火光，不见人影，就说："这是什么鬼东西呀？"正在犯疑，忽然后寨起了哄，顿时杀声震天！原来，朱元璋用莲花灯布下疑阵后，趁陈友谅顾头不顾尾，就悄悄地夺了后寨，又朝前寨猛扑过来。

陈友谅措手不及，只见手下死的死，逃的逃，自己也混在乱军中逃走了。

这一仗，朱元璋杀死了陈友谅的十几万人马，尸体堆成了一座山。后来，尸体腐烂了，剩下一堆白骨，成了一个墩子。这个墩子，就是现在的尸骨墩。

原载武汉经济技术开发区军山街文化体育服务中心组编：《古镇传奇——军山街民间故事传说集》，华中师范大学出版社，2016年版，第12—14页。

异文：尸骨墩

当年，刘备率领的军队被迫与实力强大的曹操军队交锋。在设法山这个地方，刘备军队选择了安营扎寨，但面对曹军的压力，刘备知道正面对阵并不是上策。于是，他聪明地依赖军师诸葛亮的智慧，设计了一场巧妙的计谋。由于刘备和曹操两军实力悬殊，为了避免正面迎上曹军，刘备的军师诸葛亮设计先扬起尘土，让敌军以为对面粮食充足，不惧长期对峙。同时，诸葛亮在河对面摆上好酒好菜，将士们大吃大喝，开怀畅饮，热闹一片。而这时，曹操军队因为长期驻守，粮草未及时供应上，将士们已经很久没吃饱饭了。因此，曹军见到这一幕，便军心涣散，也忍不住想大吃大喝。于是诸葛亮下令将饭菜留给曹军，曹军便大快朵颐。可是不料饭菜早已下了毒，曹军将士全都倒下了。就在曹军陷入混乱之际，刘备军队趁机发动了猛烈的进攻。刀光剑影下，曹军溃败，无法抵挡刘备军队的攻势。在这场战斗中，曹军死伤惨重，大量的士兵倒在了设法山的战场上，尸骨成堆，形成了后来被称为尸骨墩的地方。

讲述者：李清祖（枫林村）　方建华（万家湖社区）

记录者：任　正　马振钊　郭子奇　张恩荣　胡小可

记录时间：2024年1月30日　2024年2月23日

记录地点：湖北省武汉经开区龙湖社区　湖北省武汉经开区万家湖社区

设法山

有一座小山,名叫设法山。相传三国时期,孙权和刘备联合抗曹,诸葛亮在这里运筹帷幄,想了许多法子,打过不少胜仗。

一天,诸葛亮正在山上摇着鹅毛扇子远眺大江,忽听探子来报,说蒋干过江拜访周瑜去了。诸葛亮一想,趁蒋干过江的机会,施个反间计,把曹操的水师头领蔡瑁、张允两员大将做掉,这样就给周瑜帮了个大忙。诸葛亮知道周瑜气量狭小,不好给他当面献计。于是,他只好派人带着美酒、河鲜去见周瑜,还叮嘱差人在关键时刻连拍几个反巴掌给周瑜看。

设法山　来源:刘福华摄

周瑜正在为蔡瑁、张允训练水师的事发愁,又见蒋干来访,心头火上浇油烦死了。此时见诸葛亮派人带着美酒、河鲜来见,心里才松动了一下,连忙吩咐厨子去做菜,好与蒋干饮个痛快。但他再往深处一想,吃了喝了以后又该怎么办呢?

诸葛亮的差人见周瑜面有难色,便举起手来拍了几个反巴掌,周瑜一见,豁然开窍,于是导演了一幕反间计,让蒋干带着假情报回去向曹操告密,就这样轻轻巧巧地借曹操之手干掉了曹军两名水师头领。

曹军没有人训练水师了，那几十万旱鸭子再也不去玩水了，此后，周瑜的水师纵横长江如入无人之境。曹操一时糊涂，上当吃亏，懊悔不已，错杀良将，遗恨千古。他知道这个诡计一定是诸葛亮想出来的。

虽然干掉了两个对手，但周瑜心里仍然纠结，诸葛亮实在太高明了。他越想越是嫉妒，有你孔明就冇得我周瑜，要想办法除掉你。于是，他带着卫队来到设法山，假惺惺地向诸葛亮拜师求教，要求诸葛亮想办法把曹军的船只锁在一起，还限期要诸葛亮铸造十万支狼牙箭，但又不给原材料。最后，他要诸葛亮亲笔立下军令状，如果这两件事办不成，就自刎谢罪。谁知诸葛亮不假思索地立下了军令状。

怎样想办法把曹军的船只锁在一起呢？诸葛亮早已胸有成竹，前几天他就在这里会见了凤雏庞统，两人相谈甚欢，诸葛亮恳切邀请庞统一同辅佐刘备，卧龙、凤雏得一可安天下，龙凤共佐一主，定能光复大汉。庞统便决定去向曹操献连环计。曹操果然中计，为减轻江上风急浪颠，他下令用铁链和木板连接战船，犹如城堡，使步骑兵可在上面驰骋，以利攻战。曹军站在船上再也不摇晃了，头也不晕了。但这样就只有等着让大火烧，让利箭射吧。

造十万支狼牙箭的事也着实让诸葛亮费心机。这天，他在小山下踱步，只见飞鸟啄食田里的稻谷，一位农夫漫不经心地用茅草扎着草人。草人立在田边，手里举着几把彩旗，飞鸟一见，当是真人，吓得飞走了。诸葛亮停下脚步与农夫攀谈，那人说："凡事要设法啊，天不设法，地不设法，只有人设法才能对得起天地。"正说话间，忽听唆唆几声响，草人沾上了几支箭，这是农夫的两个儿子手挽长弓射来的。诸葛亮眼前一亮："有了，草船借箭。"

诸葛亮的心情顿时放松了许多，他踱步到帐篷背后的小山顶上，突然看见山上的阴阳函雾气升腾，逐渐模糊了人的视线。阴阳内蕴藏气候变化先兆，诸葛亮一边踱步，一边观天象，料定三日后定有大雾，决定走一着险棋。于是，他向鲁肃求援，借来二十条小船，用布帘围着，再将扎好的草人放在船上，趁着大雾驶向曹营，然后在山上擂起战鼓，同时令数千士兵呐喊助威。由于大雾弥江，曹操不知东吴有多少兵士来犯，只得下令让弓箭手万箭齐发射向敌船。就这样，诸葛亮不费吹灰之力就向曹操"借"了十万多支箭，满载而归，既破了周瑜的计，又保住了自己的命。从那时起，这座山就叫设法山了。

原载武汉经济技术开发区军山街文化体育服务中心组编：《古镇传奇——军山街民间故事传说集》，华中师范大学出版社，2016年版，第15—16页。

异文1：设法山

我们军山诸葛城对面的山就是设法山。那设法山是怎么来的呢？它的来历和三国时期的赤壁之战有关。在曹操的人马南下准备打刘备的时候，刘备就请了诸葛亮做军师，两军在赤壁打了一仗。诸葛亮在这里设法，用智谋打败了曹操，所以这里叫设法山。

那诸葛亮到底设了个什么法呢？我们当地也有好几种说法：有人说，在三国时期，蜀国的诸葛亮和曹操在这里打仗，急中生智，在这里设法，用草席围成一个帐篷，制造出好像囤了很多粮的假象来迷惑敌人。曹操以为诸葛亮这里粮草充足，不敢贸然进攻，所以这里就叫作设法山了。

另有人说，当时曹操的军队打过来了，诸葛亮的军队前头要护住，后头又跑不赢，他就在这里设法，用芦苇把整个设法山盖了起来，就相当于使了一个空城计。曹操的人马来了，一看，哎呀，好大的一个帐篷啊！这得有多少兵马驻扎在这里。他们误认为诸葛亮有很多兵马,就不敢跟过去了。诸葛亮就利用这个喘息的机会,把自己的人马带走了。因为诸葛亮在这里设障眼法迷惑曹军得以脱身,所以这里叫作设法山。

也有人说,三国时期,魏军南下攻打蜀军,围困了诸葛亮的兵马,诸葛亮就让手下的兵士拿了一些米、谷壳、灰,在山顶上一个蛮平的位置(只占五六亩地)扬谷,迷惑山下包围他们的魏军。他还让人在这里挖了两条水道,估计兵马被围困的时间蛮长。他扬谷的时候,底下那些魏军围兵就说,不信饿不死他。但是诸葛亮的蜀军连续好几天都在扬谷,围兵以为他谷多粮多,粮草充足,觉得一时半会搞不定,就撤兵了。设法山就是这样来的。

还有人说,除了扬谷迷惑敌人外,诸葛亮还做了毒饭毒死了敌人。尽管当时诸葛亮每天都在扬谷,但是狡猾的曹操就是不信邪,想着"就不信饿不死他,我继续攻"。诸葛亮也算准曹操还会攻击,就用剩下的米煮了一大锅香喷喷的饭。曹操的兵马赶到这里,看到这里有一锅饭,他们饿得不行,没有多想,把饭都吃完了,结果都被毒死了。原来是诸葛亮在饭里下了毒!曹军死后,他们的兵器和骨头堆在一起,就形成了尸骨墩。设法山和尸骨墩就是这么来的。

另外一种说法是,曹操的人马在龙灵山那边没有吃的,诸葛亮就把麦子和谷子往山上挑,挑上去之后就一直铲,一直往天上扬,好像收了很多粮食。这是诸葛亮设的计,想把曹操引诱过来。曹操他们隔通顺河看到了,饿得不得了,就过河去抢食物。诸葛亮就在设法山下来一点的尸骨墩那块儿摆锅炒饭,蒸了馒头,搞了好吃的东西。曹操的人马过来看到了,就开始吃。诸葛亮的人马之前退了一点,退到长山的位置,现在一个回马枪杀过来。馒头里又是投了毒的,曹操的人马只能束手就擒。

还有人说,诸葛亮本人当时不在设法山,他是在诸葛城遥控指挥的,但是有一部分蜀军驻扎在设法山,他们遵照诸葛亮的计策行事,大败曹军。

讲述者：窦英杰（胜利村）　王德超（张王庙村）　李清祖（枫林村）　钟运良（川江村）　钟运培（川江村）　肖金泉（小军村）　方建华（万家湖社区）

记录者：任　正　马振钊　郭子奇　张恩荣　胡小可

记录时间：2024年1月29日、30日　2024年2月26日

记录地点：湖北省武汉经开区蒲潭社区　湖北省武汉经开区凤凰苑社区　湖北省武汉经开区龙湖社区　湖北省武汉经开区小军山社区　湖北省武汉经开区万家湖社区

异文2：设法山

武汉经开区军山街的设法山，位于东荆河与川江池之间，像一朵刚出水的芙蓉。它孤山秀挺，平顶无峰，四周像八卦，又叫八卦山、涉跛山。

相传，三国时期曹操率兵南下，首战大军山之战，败于诸葛亮。曹军改变战略，急转下山，把山团团围住。由于蜀军利用地形积极防御，曹军屡战不克。曹操只好在设法山西二里的老虎口安营扎寨，卡住蜀军咽喉，企图困死诸葛亮。

为了麻痹曹操，诸葛亮叫士兵在山上轮流掀谷子。曹操以为蜀兵粮草充足，不敢贸然进攻。

几天过去了，诸葛亮算定曹操要攻山，下令全军五更造饭，顿时山上炊烟缭绕，火光冲天。曹操以为蜀营起火，挥兵向山寨大举进攻。蜀兵诈败，向东转移，到了小军山。

曹兵蜂拥上山，却不见一人，只觉得一阵饭香扑鼻。曹兵无心恋

战，个个急着抢饭吃。顷刻之间，只见曹兵东倒西歪，不战自乱。蜀军立即响起雷鸣般的战鼓，将士们杀声震天，以锐不可当之势向曹军发起猛烈的进攻。经过一场血雨腥风的厮杀，曹军尸横遍野，车辆辎重狼藉满地，尸体残骸堆在一起像一座小山。曹操命令士兵把尸体埋了，这座小山就是后面的尸骨山。

战后，曹操才知道中了诸葛亮的计，山上的谷子全是瘪壳谷，饭虽香，但下了毒药。诸葛亮在设法山上如此设法，以弱胜强，打败了军力数倍于蜀军的曹军。

讲述者：张长生

出生年份：1960年生

民族：汉族

文化程度：大专

职业：教师　个体户

记录地点：湖北省武汉市汉南区薇湖路社区

记录者：郭子奇

整理者：胡小可

记录日期：2024年5月7日

异文3：设法山为何又叫涉跋山

设法山为什么又叫涉跋山呢？这里面有个故事哩。相传，曹操听说诸葛亮与周瑜经常在江边一座小山上设法来对抗曹军，心中很是气恼，于是他决定亲自带领人马先去干掉这两个家伙。

曹军声势浩大，开着战船顺着江水一路进发。因北方人不习水战，在船上摇摇晃晃，头晕呕吐，加之当时河干水浅，大船搁在浅滩上难以动弹，他们折腾了半天，最后干脆弃船步行。

设法山一带多是河湖沼泽，稍不注意就会陷下去难以自拔。曹操是统帅也是大诗人，看见这种情景，一股无名火随着诗兴冲口而出："涉江涉水，吾心刀绞。跋泥跋山，吾心火冒。涉跋山兮，以奸奸小。涉跋山兮，吾志不挠……"曹军拼尽精力，拖着两腿污泥艰难跋涉，早已疲惫不堪，待来到那座山前，已是红日落土。将士纷纷要求就地扎营休息，而曹操不允许，他亲自督阵要将士们乘势攻山。

诸葛亮算定曹军要攻山，以逸待劳，下令全军造饭，把声势造得越大越好。顿时山峦上炊烟缭绕，火光冲天，曹操以为敌营起火，挥兵向山寨进击。曹兵一路跋涉无人阻挡，四处寻找，不见一人，只闻见阵阵饭菜香气扑鼻。早已饥饿难忍的曹兵，便放下手中兵器，围在饭菜前抢着吃起来。忽然，战鼓声雷鸣，四周箭矢如飞蝗射向曹军，曹军死伤无数，溃不成军，跌跌撞撞地逃下山去。后来，诸葛亮令人将曹军尸体掩埋在近处，这就是附近的尸骨墩。

曹军因涉跋之苦而惨败，曹操为此耿耿于怀，常诵涉跋山诗句以自嘲。所以设法山就被叫作涉跋山了。

原载武汉经济技术开发区军山街文化体育服务中心组编：《古镇传奇——军山街民间故事传说集》，华中师范大学出版社，2016年版，第17页。

砾山

在黄陵古镇以东,有座海拔142.2米、蜿蜒起伏十余峰的大山,名叫砾山。如今,这里是青山不老,绿水长流,满山的松树,满坡的茶园,将整座大山笼罩在苍翠之中,给飞鸟野兽提供了难得的生存环境。

提起砾山,还得从它的名字说起呢。

砾山　来源:刘福华摄

相传在很早很早以前,砾山还是一座光秃秃的石头山,不仅不长树,甚至连野草都难得生存。不知何年何月,有一个神仙从这里路过,看到这座山这么大,山下又有河水相伴,心想,要是让它长满树,岂不成了山清水秀的仙境吗?于是,他面朝南天门,口念咒语,不一会就请来了一袋子楮树籽,然后将它们撒在山上,几年后,这座光秃秃的大山便长出了满山的楮树。久而久之,这座山便有了楮山的名号。

后来,有一个道人看到这里古树参天,环境幽静,便决定在这里隐居修仙。同时,他利用山间的一个洞喂了五头金猪,这五头金猪一天天长大，槠山也一天天升高。数年后，道人修成正果升天去了，洞门也随之关闭。金猪被关在山内，无人喂养，从此这个山就再也没有长高了。人们也因此称这座山为猪山。

由于此山主要由红色石头和红土组成，故其质地如朱砂。朱砂是一种矿物质，不仅在医药、国防、化工等方面具有广泛用途，还可制成朱砂盆景供人欣赏。朱砂还可研磨调成印泥及颜料使用，过去皇帝的朱笔、朱批、丹书用的就是朱砂颜料。"硃"是"朱"的异体字，为保留地方特色，当地人用这个"硃"字已是约定俗成。

说到硃山，人们又把它同诸葛亮扯到一起去了。相传诸葛亮在此地筑城时，经常跑到硃山上去玩。他见此山红石、红土，长红树，结红果，还有一种奇异的红羽毛鸟正在啄食红果，发出的鸟叫声格外悠扬悦耳，张开翅膀一扇动就是一阵风。这鸟儿成群结队地飞在山顶上，翅膀刮起来的风把树林都吹动了。

诸葛亮知天文地理，通晓阴阳八卦，他知道此鸟就是朱雀。朱雀是古代四大神兽之一，是一种代表幸福的灵物。它的原型有很多种，如锦鸡、孔雀、鹰鹫、鹄、玄鸟（燕子）等。又有人说朱雀是佛教大鹏金翅鸟变成的。而凤凰神话中说的凤凰是有鸡的脑袋，燕子的下巴，蛇的颈，鱼的尾，有五色纹。汉族神话传说中共有五类，分别是赤色的朱雀、青色的青鸾、黄色的鹓雏、白色的鸿鹄和紫色的鸑鷟。朱雀是四灵之一，在中国古代最令妖邪胆战心惊并且法力无边的四大神兽就是青龙、白虎、朱雀、玄武了。朱雀为南方之神，在此山发现朱雀，即为大捷之兆也！据说后来祭东风时，诸葛亮就借用了万只朱雀在长江上空飞动刮起了东风。由此，为彰显朱雀助战之功，诸葛亮命名此山为朱雀山，简称朱山。

原载武汉经济技术开发区军山街文化体育服务中心组编：《古镇传奇——军山街民间故事传说集》，华中师范大学出版社，2016年版，第18—19页。

异文：砵山

诸葛亮离开周瑜后，回到夏口，顾不得休息，就吩咐赵子龙领三千军马，渡江径取乌林小路，拣树木芦苇茂密处埋伏；命张飞领三千军马渡江，去葫芦口埋伏；命糜竺、糜芳、刘封三人驾船只，绕江剿曹操败军，夺取器械。

刘封手下有一偏将叫朱能，他建议刘封利用大军山、小军山沿江纵深有利地形，乘其败势，进剿敌军，扩大战果。刘封命令朱能率部下三百勇士，选择江北东荆河附近的朱山埋伏。

在知道此山名叫朱山后，朱能不免一笑："看来老天是让我以身守志。好哇，将军沙场百战死，何必马革裹尸还。朱山，朱能破曹之山也！"

其实，此山又名砵山，因山上多为红色的石头和红土。朱砂又称丹砂、辰砂，朱砂的粉末呈红色，可以经久不褪。同时，它还具有药用价值，性味甘而微寒，有小毒，入心经，有重镇安神等作用。

果然不出朱能所料，曹操手下大将曹仁与东吴甘宁、周瑜对战失败后，只得被迫撤退。曹仁溃军在这里遇上了以逸待劳的朱能，双方好一场恶战，对面的东荆河血染长河，不远处的湖泊也是血流漂杵。朱能三百勇士与曹仁一支数千人先锋恶战，其惨烈之状可想而知。但朱能以三百勇士杀敌一千余人，可谓壮举。三百将士尽皆战死，朱能自己也战死于乱军之中。

李正华　王宝君　欧阳焘　搜集整理

原载湖北省武汉市蔡甸区民政局、《武汉市蔡甸区地名故事》编写组编：《蔡甸地名故事集》，武汉出版社，2021年版，第315—316页。

观阵岭

观阵岭处于大军山与龙湖之间，山岭独立，周围没有障碍，站在岭上可观看大江、沌水及湖泊、平野。三国时期，孙权与刘备联合抗击曹操，诸葛亮就在这里观察魏、吴两军水师对峙的阵势，并观天象、布八卦、用计谋，演绎出许多令神鬼惊叹的故事。

有一天，周瑜来到这里与诸葛亮一起观察魏军阵势，他说："在下看魏军虽然战船横江，战旗蔽日，但进退左右布局零乱且摇摆不定，难以形成合力，我军只要奋勇出击，魏军水师定头尾不能相顾。"

观阵岭　来源：刘福华摄

诸葛亮笑了笑说："都督此言差矣，它就是再不行也是横江蔽日啊！你那区区一些战船与人家差距太大了，况且人家的阵势都是活的，三、五、十条船列阵攻防，进退自如，就是让你杀进去你也出不来呀！我们只能智取，不能强攻。第一，要想办法把它现在的活阵变成死阵，让它放在那里挨打等火攻；第二，就是要借助天力。"

周瑜听诸葛亮讲到天力，于是急忙问道："在下久仰先生善观天象和星象。天体，尤其是行星和星座，都以某种因果或非偶然的方式预示人间万物的变化。请先生预测一下这个季节的阴晴及风雨的变化吧。"

诸葛亮知道周瑜话有所指，心想"不就是向我要东风吗"，于是有问必答。他指着天上说："都督请看这天上斗柄东指，天下皆春；斗柄南指，天下皆夏；斗柄西指，天下皆秋；斗柄北指，天下皆冬。这是以黄昏时观察北斗七星的位置，来判断当今的季节，就叫作观象授时。"

周瑜又问："如今正值隆冬季节，不知先生是否可预测风向？"

诸葛亮说："古有谚语'冬至一阳生'，气候随季节可发生转折性变化，愚以为有三日六至七级东南风至。"

周瑜问："为何曹操却说隆冬之际，但有西风、北风呢？"

诸葛亮笑了笑说："天体运行均有其特定之义，并非固定不变，若得上天眷顾，仙人所助东风可借矣。"周瑜望着诸葛亮那一副笃定的表情，深信这山野之人高明，再也没有什么话说了。

过了几天，周瑜又到观阵岭同诸葛亮商议军事，说："我们就要跟曹军交战了，水上交战，用什么兵器最好？"

诸葛亮说："用弓箭最好。"

周瑜说："对，先生跟我想得一样。现在军中缺箭，想请先生负责赶造十万支。这是公事，希望先生不要推脱。"

诸葛亮说："都督委托，当然照办。不知道这十万支箭什么时候用？"

周瑜问："十天造得好吗？"

诸葛亮说："既然快要交战，十天造好，必然误了大事。"

周瑜问："先生预计几天可以造好？"

诸葛亮说："只要三天。"

周瑜说："军情紧急，可不能开玩笑。"

诸葛亮说："怎么敢跟都督开玩笑？我愿意立下军令状，三天造不好，甘受惩罚。"

周瑜很高兴，叫诸葛亮当面立下军令状。周瑜临走时，诸葛亮还特意嘱咐说:"从明天起,到第三天,请派五百个军士到江边来搬箭。"接着他又悠闲地摇着鹅毛扇子踱起了方步。不到三天,诸葛亮用草船借箭,从曹操那里弄到了十万支箭。

接着,诸葛亮又请来了大谋士庞统与他一起观察敌情,发现曹军不习水战,将士们站在船上摇摇晃晃,便决定由庞统向曹操献铁甲连环计,把战船全部锁起来,以便吴军施以火攻。当然,诸葛亮并非神仙,他主要是通过认真观察和调查研究得出了正确的结论。

原载武汉经济技术开发区军山街文化体育服务中心组编:《古镇传奇——军山街民间故事传说集》,华中师范大学出版社,2016年版,第20—21页。

异文:观阵岭

观阵岭是我们这边的一个能看到长江的小山包。传说三国时期,在观阵岭上,诸葛亮一有时间就驻足观察长江上的水军演练,细致地研究河流的水势和地形,同时也借助这里的地势,布置战阵,谋划未来的战略大计。这里不仅是一处观景的胜地,更是一处战略指挥中心,让诸葛亮能够远眺敌情,布局兵力。

在观阵岭上,诸葛亮不是孤身一人,而是和一群谋士们聚集在一起,共同研究兵法、谋略。他们整天观察曹军的排兵布阵,探究敌军的战术规律,从而洞察敌人的弱点和漏洞。正是在这里,诸葛亮和他的谋士们设计出了借东风火攻的计策。

当时曹军兵临城下,长江上却无风,使得蜀军无法利用火攻。诸葛亮得知此事后,便精心策划,布置船队,悄悄地将船只藏匿在观阵岭附近的一处隐蔽的港湾中。待夜幕降临，当东风吹起，火攻之计得以实施，一片火光照亮了长江，曹军大乱，最终蜀汉军趁势取得了胜利。

观阵岭的传说，不仅让人们见识了诸葛亮非凡的智慧和战略眼光，更让这座小山包成为历史上的一处神奇之地，流传着无数英雄豪杰的传说。

讲述者：钟运培（川江村）　张守德（洪海村）　方建华（万家湖社区）

记录者：任　正　马振钊　郭子奇　张恩荣　胡小可

记录时间：2024年1月30日　2024年3月22日

记录地点：湖北省武汉经开区龙湖社区　湖北省武汉经开区小军山社区　湖北省武汉经开区万家湖社区

顿枪湖之战

在武汉经开区大军山下五六里的川江池附近有一片湖泊,里面长满了莲藕。每到夏天或者是秋天,上面的莲蓬就成熟了。这些莲蓬甜极了,附近的人都来采摘,然后拿到黄陵街头叫卖。这么美丽的湖泊,为什么要叫顿枪湖呢?这还得从三国时期说起。

顿枪湖　来源:刘福华摄

东汉末年,曹操率八十万大军在川江池这一带与刘备、孙权作战。曹军仗着人多势众,经常在军山这一带骚扰民众。曹军多是北方人,来到江南水乡,看到什么东西都觉得好奇,比如说藜蒿。藜蒿是一种野生菜,味道格外鲜美,配上腊肉更是一绝,在江滩上、沟河旁到处都长满了。曹营的士兵们常常放下兵器去采摘。鱼虾龟鳖在北方也是稀缺货,在我们这里的大沟小河、水坑里随处可以捕捞。曹军不管走到哪里,都喜欢抓一点鱼虾,回去改善生活。

曹军的这些动向啊,生活轨迹啊,早被诸葛亮的眼线看在眼里,记在心里。他们立即就向驻扎在诸葛城的诸葛亮汇报:"丞相,曹军有小股部队四处活动,士兵们一路嘻嘻哈哈,不是抓鱼就是采野菜。"

诸葛亮常常摇着鹅毛扇思考怎么破曹，一听到这个消息，就计上心来，决定诱敌全歼。他派出了几个士兵，打扮成采莲蓬的农夫模样，竹篓里也装满了新鲜的莲蓬，一路叫卖，引诱曹军上钩。

这天，一支百余人的曹军部队，从小军山方向朝川江池方向走来。采莲人故意拿着莲蓬迎上前去喊着："官爷，吃莲蓬。"

士兵尝过莲蓬，连连说"好吃！好吃！"就是不付钱，把两竹篓莲蓬吃了个精光还不过瘾。

一个兵问："莲蓬是在哪里采的呀？还有没有采的？"

采莲蓬的人朝莲蓬湖的方向一指，说："那一片绿色的湖就是莲蓬湖。想摘多少就有多少，让官爷吃个够！"

曹军不知是计，立马向莲蓬湖奔去，来到湖边一看，果真是绿荷摇风，莲蓬一个个立于荷叶之间，真是天赐的美食，难得一饱口福。于是他们放下手中的刀和枪，脱掉衣服，一个个光着身子钻进了绿荷丛中采摘莲蓬去了，哪知他们是中了诸葛亮的计！

赵子龙和一些将士早就埋伏在湖里，一见曹军下水，就一举上前，将曹军放在岸上的刀啊，枪啊，衣服啊，神不知鬼不觉地全部搂走了。待曹军采完莲蓬上岸一看，刀枪和衣服都不见了。他们正在东张西望之时，忽然听到一声哨响，大队手持单刀的士兵将他们团团围住。这些士兵大喝一声："跪下者免死，站立者斩！"曹军赤身裸体，手无寸铁，只好乖乖地举手投降。这就是著名的顿枪湖之战。后来呢，人们就给湖取了一个名，叫顿枪湖。

讲述者：张长生

出生年份：1960年

民族：汉族

文化程度：大专

职业：教师　个体户

记录地点：湖北省武汉市汉南区薇湖路社区

记录者：郭子奇

整理者：胡小可

记录日期：2024年4月24日

擂鼓墩与祭风台

大军山与小军山,相传是三国时期吴、魏争战之地。传说每月十五风雨阴晦的晚上,这里就会隐隐出现当年战马嘶鸣、金鼓激烈的声音。赵弼题诗曰:"两雄角立互相吞,炎祚衰微万马奔。夜半山前风雨恶,阴魂犹自怨曹孙。"若是战马有魂,在武汉这个古战场上,就不知有多少马魂至今仍在奔腾吧。另外,据《汉阳府志》记载,赤壁大战就发生在这附近。这些都说明吴、魏确实在大军山和小军山之间发生过重大战争。大军山上至今还残存着当年诸葛亮草船借箭的擂鼓墩和借东风用的祭风台遗址。

大军山和小军山都依长江而立,两山相距约五里,中间是一片沼泽地,擂鼓墩在大军山半腰。相传周瑜设计陷害诸葛亮,限期要他造十万支狼牙箭,但又不能及时给足原材料。后来,诸葛亮运用阴阳八卦仔细一算,推断出三日后必有大雾;

擂鼓墩　来源:刘福华摄

大雾弥江,会让曹操看不清虚实,趁此时派草船出击,必有所获。于是他决定走这一着险棋。

这天夜间,诸葛亮向鲁肃借了二十条船,用布幔围着,外置稻草人,派精干水手划桨去向曹操借箭。为了给曹军造成错觉,给前去借箭的将士鼓劲，诸葛亮在大军山山腰摆下了几百面大鼓，每面大鼓令数人持木槌敲打，当小船接近曹营时，山上鼓声大作，数千军士在鼓声中呐喊助威。

那鼓声在高处响起来震天动地，震得几十里远地方的人都神经发麻，震得长江上的曹营摇摇晃晃，吓得曹军从睡梦中惊醒，不知所措。由于江上大雾，曹操不知东吴有多少军士，便急忙下令弓箭手射箭，糊里糊涂地朝大雾中的鼓声、呐喊声处乱射一气。

草船借箭战斗惊险，划船的将士们勇敢地迎着密集的箭矢，让草船承受射击，好让每只船接收到一定数量的狼牙箭。诸葛亮不费吹灰之力向曹操"借"了十万多支狼牙箭，满载而归。返航时他还让将士们高喊："感谢曹丞相赐箭！"曹操顿时醒悟，知道自己又中了诸葛亮的计谋。这十万多支狼牙箭大大加强了吴军的战斗力。后人为了纪念这件事，便在大军山擂鼓处修建了一个擂鼓墩。

大军山顶上还有一个祭风台，相传是诸葛亮为周瑜借东风时所建。周瑜决定用火攻曹营，忽然想起冬天只有北风、西风，很少有东风、南风，急得吐血卧床不起。诸葛亮知道后，便去看周瑜。周瑜说人有旦夕祸福，诸葛亮说天有不测风云，愿为周瑜借三日三夜东南风。周瑜虽说半信半疑，但还是把死马当作活马医，让士兵在大军山上按照诸葛亮的要求筑了一个祭风台。

诸葛亮观察天象，并在祭风台周围遍撒红豆，又从砾山至大军山一路遍插赤幡，招引砾山上的数万只朱雀来帮助刮东风，那些朱雀啄食红豆后聚在一处听神旗指挥。这时，只见诸葛亮舞动赤幡向东方指去，几万只朱雀腾空而起扇动着翅膀刮起了东南风，这朱雀风刮起后，即刻引发了天际的东南风铺天盖地刮起来。黄盖以诈降之计带去的数千条船只装满了硫黄、火硝，乘着东风向曹营驶去，当接近曹营时点火燃烧，风趁火势，火仗风威，曹营的战船因被铁链锁住，无法分开，一时被烟熏火燎烧得个一塌糊涂。吴军乘胜追击，曹军大败，死伤数十万人。

周瑜凭借诸葛亮借来的东南风,终于建功立业。赤壁之战的胜利,粉碎了曹操称霸华夏的美梦。赤壁之战以少胜多,成为古今有名的军事战例。

原载武汉经济技术开发区军山街文化体育服务中心组编:《古镇传奇——军山街民间故事传说集》,华中师范大学出版社,2016年版,第24—26页。

龙克山

　　黄陵矶的东北面有一座蜿蜒起伏的山岭，古时候山上奇树穿云，怪石嶙峋。山北面湖水辽阔，莲荷摇风，鱼群戏水，鸥鸟飞翔。传说这湖里潜伏着一条巨龙，后因人世间强寇四起，战乱不息，为了保护生灵免遭涂炭，巨龙爬上坡来化作一座山岭。它身上的鳞甲也变成了满山的刀片石和枪刺林，从南北而来的强人或野兽要想翻越此处山岭，刀片石和枪刺林就是一道过不去的坎。后来，八洞神仙到此山游玩，给它命名为龙克山。不管是强人还是猛兽，要想修成正果，就得经过满山的刀片石和枪刺林的考验，跨过这一坎就是龙，跨不过去的就成了鬼。此龙克山克的就是那些难修正果的异类。

龙克山（又称龙灵山）　　来源：刘福华摄

　　东荆河里有许多水蛇，它们一门心思想修炼成龙，成龙的最关键一环就是要越过龙克山。许多水蛇修呀，炼呀，把鳞甲和肚皮炼了几百上千年，最后跨越龙克山时鳞甲被枪刺林戳穿了，肚皮被刀片石剖开了，死在了这里，所以蛇的肚皮永远是破的。以后，蛇要变成龙几乎不可能了，因为龙克山将蛇族克住了。

到了三国时期,曹操率领八十万大军在此地与刘备、孙权作战,诸葛亮驻守在龙克山以南,曹操的战船则停泊在龙克山北面的砾山湖上,两军对峙,谁也跨越不过刀片石、枪刺林。不过,长久对峙也不是办法,诸葛亮决定越过龙克山奇袭曹军,但仔细一想,龙克山有刀山刺林阻挡,如何能跨过去?再者,此山克龙,如克着了赵子龙怎么办?再一想,那里克的是假龙,而赵子龙是天界派生的真龙,任凭千难万险也克不了他。于是他信心满满,派赵子龙带着人马与火器等物在三更时分出击。

赵子龙不愧是人中真龙,早在长坂坡救阿斗时于曹军中七进七出,杀得曹军鬼哭狼嚎。只见他手持虎头枪,足蹬铁锤靴,上得龙克山来,枪扫枪刺林,足踢刀片石,一路如秋风扫落叶,刀山刺林化坦途,很快摸到曹军战船附近,点燃火器直向船上扔去。曹军在睡梦中被大火焚烧,无处逃生,只得跳进湖里喂鱼鳖去了。曹军的战船化为灰烬全军覆没,从此再也不敢到龙克山挑事了。此后,人们在山上看到许多碎石烂树,便说这都是赵子龙踢打烂的。龙克山从此留下了赵子龙上刀山、闯枪林的故事。

原载武汉经济技术开发区军山街文化体育服务中心组编:《古镇传奇——军山街民间故事传说集》,华中师范大学出版社,2016年版,第27—28页。

异文:龙灵山

龙灵山是我们当地一座蛮有名气、备受敬仰的山峰,但它的名字的由来却有着各种各样的传说。龙灵山其实原来叫作龙过山,后来才更名为现在的龙灵山。我们当地老百姓也叫它龙去（读作克）山。传说龙灵山之前有恶龙出没，它为非作歹，出来把人搞死了。

这座龙灵山和砾山是连在一起的，砾山被认为是龙的头部，而龙灵山则被认为是龙的尾部，两座山形成了一条蜿蜒盘旋的龙身，好像一条龙盘踞在这里，很有气势。

有人说，龙灵山形似一个龙头，砾山之前叫猪山，是一个大猪头，两山相连，一龙一猪。

也有人说，龙灵山是曹操人马驻扎的地方，与刘备所在的设法山隔一条通顺河。

还有人说，龙灵山是赵子龙骑马经过的山，所以得名为龙过山。当年曹操和刘备在这里打仗，刘备的大将赵云曾经路过这里，赵云字子龙，所以他经过的山就被我们当地人称为龙过山了，后来又改成了龙灵山。

讲述者：钟运培（川江村）　肖金泉（小军村）

记录者：任　正　马振钊　郭子奇　张恩荣　胡小可

记录时间：2024年1月29日、30日

记录地点：湖北省武汉经开区蒲潭社区　湖北省武汉经开区龙湖社区　湖北省武汉经开区小军山社区

黄石畈

龙克山脚下，通顺河畔有一片平坦无际的绿色滩涂，人行走在这里，感受着风吹碧波扑人面，芳草萋萋入眼浓，很是舒适。一群牧童赶着牛、羊，放牧在绿海里，有几个渔翁从小船里走上岸来，拿着一把青草，在牛嘴边晃荡，老水牛也许吃多了，突然抬起头，瞪着双眼，哞的一声长鸣。传说这里曾经是三国时期孙吴大军驻扎之地，黄石畈这个名字还是吴军都督周瑜取的呢。

汉献帝建安年间，曹操率领八十万大军下江南，企图一举歼灭孙权和刘备。孙、刘决定联合抗曹。当时，诸葛亮在长江边军山一带观察军情，运筹帷幄。周瑜同程普、鲁肃经常带领大军在这一带活动。

黄石畈　来源：刘福华摄

这一天，周瑜等人来到军山附近，忽然，彤云密布，转眼间狂风大作，白浪滔天，船只无法行进，只好停泊在军山下避风。周瑜是个急性子，在船上待不住，便对程普和鲁肃说："诸公在此稍候，我上岸去看看地形。"说完，他就带着一部分人马上岸了。

走着走着，他们便来到通顺河边。河边野草丛生，时而有水鸟嘎的一声从草丛中飞出，再看河边停泊着数十只渔船，任凭狂风刮来却波澜不惊。河边滩涂一望无际，可供千军万马驰骋，满地的青草正是战马最理想的草料。如果把战船停泊在这里，不仅解决了战马的草料问题，还可以让兵士在岸上操练。周瑜正在"啧啧啧"地赞叹这里的地势好，没提防座下的黄骠马前蹄猛地一个趔趄，陷进路边的泥坑里去了。周瑜从马上掉下来，两腿也沾满了泥。马夫急忙把他扶起来，再去拉着马缰拉马起来，不料那黄骠马伏在泥里挣扎了几下就没有气力了。

大都督遭遇烂泥坑，真是无能为力。怎样才能让马从泥坑里爬上来呢？如果能找来一些石头砖块什么的，把泥坑周围垫起来，让马的蹄子得力，人也可以站在石头上用绳子兜住马腹往上拉。但是这河边哪有石头呢？周瑜向四周一望，看到了那一片青草，他想这马已经一整天没吃草料了，肚子里空空的哪有气力挣扎呢？于是他抽出宝剑跑到前面青草地上割了一堆青草，当他抱着青草往回走时，脚下却被什么东西绊了一下，差点跌倒。周瑜低头一看，竟是一堆黄石块，在野草的遮蔽下，横在路中间。周瑜一见喜上心来，急忙招呼士兵来搬石头，把一大堆黄石填到泥坑里，马腹渐渐被抬了上来，马蹄踏在石块上再也不下陷了。这时，周瑜抓起一把青草喂马，马真是饿急了，把一堆青草吃得精光，然后喷了一个响鼻，一声长啸，四蹄奋起跃上了草坡，飞也似的朝那片绿草地奔驰而去。

周瑜这才露出笑容，一边自言自语说道："这一堆黄石、满畈青草莫非上天赐予，救吾坐骑于泥潭？"大都督一言既出，从此这个地方就叫黄石畈了。

原载武汉经济技术开发区军山街文化体育服务中心组编：《古镇传奇——军山街民间故事传说集》，华中师范大学出版社，2016年版，第29—30页。

新天铺

新天铺在古时属晴川楚北大邑的一个村落。相传三国时期,曹操的大军路过此地,见这里地广人稀,便传令部队在此安营扎寨,并临时设置帅营。曹操见军营南侧有户人家,房屋大而古朴,前庭后院种植了不少花草树木,环境幽雅,便叫随从把帅营安置在花果园内。

新天铺老房　来源:刘福华摄

过了几天,曹操巡查军营时,看见四周风景不错,是居住的好地方,便想起帅营中还躺着一文一武两名部下,他们都有伤病在身,如随大军再去南征北战,势必会失去性命,便劝他们留下来。后来,孙姓文官、刘姓武官便落户这里。经过几代繁衍,两家人丁兴旺起来。可他们常为地名争论不休,孙氏后人称这里为孙刘塆,刘氏后人称这里为刘孙塆。自从官府给这里取名新天铺后,两姓再不敢生异议了。再后来,孙姓文官的后代大都出仕做了官,刘姓武官的后人大都做生意发了财。新中国成立初期,这里属铁铺乡,有11个自然塆村,新天铺小学的校舍就是由刘姓二婆的房子改建而成的。

余敦达　余汉群　口述

汪洪华　李方刚　罗生本　搜集整理

原载湖北省武汉市蔡甸区民政局、《武汉市蔡甸区地名故事》编写组编：《蔡甸地名故事集》，武汉出版社，2021年版，第48—50页。

梅子洞

梅子洞在蔡甸区索河镇天皇山北面的山坳里,四周群山环绕,中间谷地水畅土肥,是块种树育林的宝地。

相传秦汉年间,有一对夫妇住在这里,他们在山坳平地上栽种了一片梅林。每到收获的季节,夫妇俩摘下颗颗又酸又甜又解渴的梅子,到集上去卖,还送一些梅子给山下的乡亲尝鲜,乡亲们称他们是热心快肠的"梅子夫妻"。山下有个渡口,每年夏秋洪泛水涨,夫妻俩就义务摆渡,乡亲们称这渡口为梅子渡。

东汉末年,曹操率军攻打张绣,途经这里。时值秋干久旱,日烈地燥。曹兵远道而来,想找口水喝都找不到。士兵们都纷纷躺在地上,一步也走不动了。曹操见士兵又累又渴,就向当地乡民打听,乡民说梅子渡那边有梅林。士兵们一听梅子,顿时口水都流了出来。大家便一骨碌爬了起来,跟着曹操继续往前走。走到两山之间的地方,只见一棵棵梅树枝干叶落,哪还有什么

梅子洞　来源:刘福华摄

梅子!曹操和士兵们叹了一口长气,只好望着一片枯干的梅林止渴了。斗转星移,沧海桑田,久而久之,渡口消失,这梅子渡就叫成梅子洞了。

邬义斌　袁希达　搜集整理

原载湖北省武汉市蔡甸区民政局、《武汉市蔡甸区地名故事》编写组编：《蔡甸地名故事集》，武汉出版社，2021年版，第123页。

官桥

在索河镇北面的官桥村，有一座小桥叫官桥。桥虽小，名堂却大。传说三国时曹操率二十万大军攻打荆州，孙权与刘备联手共同对曹。关羽和周瑜率领的先头部队刚踏上索河的地界，就将这座年久失修的木桥踩踏垮了。关、周二将立即命令士兵修桥，哪知正在修桥的时候，一群战马在河中喝饱水后打起蹶子向远处跑了。

既要修桥，又要捉马。哪个负责修桥，哪个负责捉马呢？关、周二人相互推诿，争执不下。在场有一名副将说："二位将军，不要为这点小事伤了和气。依小人之见，桥要修，马也要捉。不如小人写两个纸砣子，请二位将军抓阄吧。"结果周瑜拈了个"桥官"，关羽拈了个"马官"。冇得二话说，关羽领了一支人马捉马去了，周瑜继续留下来主持修桥。

官桥　来源：刘福华摄

不到半天工夫，周瑜就把桥修好了。他把"桥官"两个字上下一颠，叫人写上"官桥"两个大字安在了桥上。过了一会儿，关羽也把马捉了回来。周瑜见关羽跑得气喘吁吁，便俏皮地说："你这个'马官'捉马还蛮卖力啊！"关羽见周瑜浑身是泥，也回敬了一句"你这个'桥官'也不逊色啦！"当关羽抬头看到桥上贴着"官桥"二字时，又说道："怎么……'官桥'，连桥的名字都取好了，你还真是一个能文能武的全才啊!"说罢,两人哈哈大笑起来。从此,这座桥就叫官桥了。

孙　勇　袁希达　搜集整理
原载湖北省武汉市蔡甸区民政局、《武汉市蔡甸区地名故事》编写组编:《蔡甸地名故事集》,武汉出版社,2021年版,第130页。

马城桥

马城桥在索河天皇山西北的彭新集村与汉川市交界的地段。

相传在三国时期,关羽当年捉马经过此地,见这里有山有水,易于隐蔽,且水足草茂,是个理想的驯马练兵之地,于是率部前来筑起了土城,在此圈马、屯兵百日。后来人们将这里叫作马城。

马城旁边有一条小河,河上有一座木板桥。经过许多年的风吹雨打,桥板沉入了河水中,变成了一块青石板。青石板上面长满青苔,滑滑溜溜,行人一不小心就是一跤,有人不慎滑进河里,因此,很少

马城桥　来源:刘福华摄

有人敢从这里经过。传说只有八仙中的张果老倒骑毛驴常来这里,过此滑板桥像走平地一样。日子一长,桥板上留下了好多驴脚踏过的凹印,人们便将这桥叫仙人桥。

到了明朝,彭新集上有个年迈的寡妇,积德行善,乐于修桥补路,以图来生好报。她将一生的积蓄拿了出来,将此桥修成了一座石板桥,改仙人桥为马城桥。

清朝时,马城桥出现了裂缝等朽毁的迹象,来往的人都小心翼翼,生怕因桥垮而落入河中。好在这时彭新集出了个吏部主事彭守正,他想,自己是从当地出去做官的,就该为当地人做点好事。于是,他将石板桥改建成了一座石拱桥,并在桥拱青石上刻下了四句话:"功德

何人及，名誉岂敢邀。不碑无所记，铭曰韬光桥。"石拱桥竣工后，彭守正还以《桥》为题，赋诗曰："桥下三春雨，桥上滚惊雷。水随三义去，尘载桃园归。放马关夫子，捉驹弓长飞。蜀地玉蛟出，汉室青龙回。"

至今，彭守正所修的马城桥依然存在，属区级文物保护单位。

孙　勇　袁希达　搜集整理

原载湖北省武汉市蔡甸区民政局、《武汉市蔡甸区地名故事》编写组编：《蔡甸地名故事集》，武汉出版社，2021年版，第134页。

捉马山

侏儒山北面有两座山和一个坡，多少年来，当地人都叫这里为夹马山、软脚坡或捉马山。相传东汉末年，刘备弃新野、走樊城、败当阳以后，军师诸葛亮派关羽到夏口求救，请刘琦会兵于江陵。关羽带着人马不分昼夜赶路，当赶到汉川县境内时，人困马乏，只得就地歇息，准备埋锅造饭，饱餐一顿再走。哪知关公的赤兔马烈性发作，挣脱缰绳，奔驰而去。

赤兔马是关羽的至爱。当年曹操想要收买关羽，美女金银送了一大堆，关羽不为所动，一概谢绝，唯独收下了当年吕布的坐骑赤兔马。这马全身犹如烈火般赤红，不仅日行千里，而且异常忠诚，极通人性。关羽得到赤兔

捉马山坡　来源：刘福华摄

马不久，就发现此马有些怪异。现在赤兔马脱缰而跑，他很是着急。他连忙带士兵朝着赤兔马的方向追赶，赶到侏儒山地带时，远远地看见马朝两山峡谷间跑去。关羽顺着赤兔马的身影追进峡谷，只见峡谷越走越窄，窄到几乎成一条缝，两座山的缝隙几乎把赤兔马的马身夹住。赤兔马见有人追上来了，便奋力挣扎，才从夹缝中挤出，所以这山后来叫夹马山。赤兔马挤出峡谷后没跑多远就四腿一软，趴在了山坡上，所以这里后来叫软腿坡。

关羽随后赶到，他见赤兔马卧在山坡上，心里一喜，心想："这下可以捉住赤兔马了。"然而，赤兔马见关羽越来越近，又站起来向对面山上跑去，隐蔽在丛草荒林中。因为一路奔波，赤兔马喘出一股白气。关羽等人发现了草丛中有白气时隐时现，根据经验判断，这一定是赤兔马的鼻嘴里喷出的气雾。于是，关羽悄悄命令兵士们一起向冒白气的地方围拢过去。果然，在那一片草丛中，赤兔马安然无恙地大口吐着白气，关羽即刻上前捉住了赤兔马。后来人们叫这山为捉马山。关羽捉住赤兔马后，便牵着马朝山下的溪涧边走去。他边走边抚摸着马说："宝贝啊，朋友啊，现在我已是你的新主人了。从今以后，我俩朝夕相伴，生死与共，你不可随意离开我跑了啊！"关羽说罢，只见赤兔马耸了耸长鬃，打了个响鼻，驯服地低下了头。关羽见状，喜不自胜，忙呼唤着马去吃涧边的青草，去喝溪中的清水。待马吃饱喝足以后，关羽翻身上马，挥手扬鞭，赤兔马长嘶一声，撒开四蹄，朝军营飞奔而去。

李正华　郑勇兵　搜集整理
原载湖北省武汉市蔡甸区民政局、《武汉市蔡甸区地名故事》编写组编：《蔡甸地名故事集》，武汉出版社，2021年版，第177—178页。

鲁肃点将台

鲁肃点将台是一处古代军事遗址，它位于奓山街西南部的凤凰山南麓。

传说三国时期，东吴名将鲁肃任赞军校尉时，协助大都督周瑜大破曹军立下赫赫战功。周瑜病重时上疏孙权，推荐鲁肃代他领兵。周瑜死后，鲁肃任汉昌太守，统领大军驻守过湖南湘阴和湖北蒲

点将台遗址凤凰山　来源：刘福华摄

圻、嘉鱼一带，并一度屯兵江夏。他率兵路过汉阳时，看到奓山地区的凤凰山山势环绕，极利屯兵，并且山脚下还有平坦的空地和涓涓清泉。于是，鲁肃决定在这里安营扎寨，整训军纪，封赏将士。不几日，东吴军队就在凤凰山下筑起了一座高大的点将台。

吴军在整训期间军规严明，不但对当地的百姓秋毫无犯，还为当地百姓做了件好事。鲁肃听说这里经常遇旱灾，田地颗粒无收，常有饿死人的事发生。于是，他指挥将士一起动手，帮助乡民造一个大水塘。鲁肃一声令下，将士们说干就干，挖的挖，挑的挑，不到半个月时间，大水塘就造好了。从此，村里遇到干旱，百姓们就不用发愁了。当地百姓为了感谢鲁肃，就把这个大水塘叫作鲁肃水库，把山下的一个湾落改名为鲁肃湾，后来又叫琉环村。

据明代嘉靖《汉阳府志》记载："汉阳奓山有鲁肃湾。"明代文人

王一翥有《鲁肃湾》诗句："烟点时痕生暮雨，林拖岚影隔乡关。年深野渡旌旗迹，桨打波声两岸山。"该诗既有怀古的韵味，又形象地描绘了鲁肃湾的山水之胜。

后来，当地人为了纪念鲁肃，还在凤凰山上建了一座叫作鲁山堂的庙宇。庙门上有一块长方形大石匾，上书"鲁山禅林"四个大字。庙内有鲁肃殿，供奉着鲁肃的神像。神像两旁有副楹联："将台荒古镇吴鼎；神像英灵重肃山。"神龛上面高悬"江东杰士"的匾额。当时还盛传如下赞语：

  屯兵凤凰整军纪，高台点将传令旗。排难救民筑水坝，建寺修庙颂功绩。

"文革"中，这座庙宇被当作"四旧"毁掉了。鲁肃点将台重修于1986年，复原了当年的点将台模样。当地政府还在山坡上立有一个"鲁肃点将台遗址"的标志牌，此台已被列为区级文物保护单位。

吴方恒　搜集整理

原载湖北省武汉市蔡甸区民政局、《武汉市蔡甸区地名故事》编写组编：《蔡甸地名故事集》，武汉出版社，2021年版，第234—235页。

观尸墩和养马洲

在武汉经济开发区张湾潮海一带，原有后官湖的一个湖汊叫养马洲，附近一个土墩叫观尸墩。这两处地方有着一段流传已久的故事。

相传三国时期，曹操率兵南下，与孙权、刘备的联军交战，战场就在长江一带。曹军中的北方将士居多，不识水性，更不适水战。因此，曹操谋划在后官湖畔扎下营，进行水战训练。这后官湖就成了曹兵天然的练兵场。

养马洲　来源：刘福华摄

曹军中有很多战马，每天，养马的士兵都要把马赶到湖汊的草地上去放牧。曹操军纪严明，要求养马的士兵不得让马践踏庄稼，如有发现，决不轻饶，轻者杖罚，重者处死。所以一段时间，曹军与当地老百姓都相安无事。

战马初到湖畔，湖汊草多，马匹都能集中在一块放牧，牧马士兵倒也显得比较轻松。可是，过了十多天，湖畔的青草差不多被马匹吃光了，只剩下一些草桩。这时的马匹就不听话了，四处乱跑去寻找青草。

这下可苦了养马士兵。青草不足，要照料好这么多马，真是一件很难的事情。他们晓得要是马匹吃了百姓的庄稼，就军纪难容。为了照管好这些马匹，士兵们分开围圈看守。只因马匹太多，地段太长，免不了还是有马匹跑到了庄稼地里。

有一天，曹操在湖岸沿线视察，突然发现一块稻田里有三匹马在吃庄稼，他大喝一声，一个在此地看守的牧马士兵吓得魂不附体，连忙跪地禀报："此地青草已绝，马匹难服管束……"曹操不由分说，吩咐将那个士兵捆绑在了土墩的大树上，将养马士兵集中在大树旁，严厉告诫："如再有损害百姓庄稼者一律处死。"随即下令将那个士兵活活吊死在大树上，并暴尸三日，让士兵和老百姓观视。当地人就把那个土墩叫观尸墩，把那棵大树叫吊尸树。

后来，百姓们为了帮助那些牧马的士兵，便自觉来到湖边，帮忙看护起自家庄稼。庄稼是保住了，可是马匹因没有足够的草料，也就一天天消瘦了。

奇怪的是，有一天清晨，人们发现湖当中冒出了一个很大的洲子，上面长满了绿油油的青草。马见了青草，全都跑到洲子上去了，再也不去田里吃庄稼了，马匹也很快强壮起来。有人说这是湖中龙王显圣，来解曹操的养马之困。后来人们就把这个洲子称为养马洲。

曹操大军走后，这洲子也慢慢下沉，最后不见了。人们在这里养鱼种藕，还是叫这湖汊为养马洲，一直沿用至今。

王能发　搜集整理

原载湖北省武汉市蔡甸区民政局、《武汉市蔡甸区地名故事》编写组编：《蔡甸地名故事集》，武汉出版社，2021年版，第339—340页。

曹庄村

三国时期，在距离沌口岗西不到一公里处，有很大一片丘陵土地，鲜有人居住。曹操从中原一路往南，所向披靡，眼见夏口在望，叹蜀汉不过如此。他命军马在此休整，军士们一听说休整，就放下枪械，不设营防，倒头便睡。曹操见状大怒，斩了一个校尉以儆效尤，命军马就地训练。

在训练的过程中，有一队军马从黄土坡那儿驰来，报告有大军路过芦苇丛。曹操当即决定在驻地建立一个瞭望台，用以观察军情兼点将。可环顾四周，百里平原，无处取土。正踌

曹庄村　来源：刘福华摄

躇间，手下谋士杨修建议曹操，每一个训练的士兵下操后，各取一捧黄土，集中起来，便可垒筑一个点将台。曹操依此法筑台，不日台成。

有了点将台，曹操终于可以登高望远，如此便指挥若定。所以，大批曹军也将营房集中在点将台周围，形成大小不一的建筑群落。彼时，曹操用计派蒋干盗书，未料周公瑾将计就计，借曹操之手，杀掉了心头之患。曹操错杀蔡瑁、张允，心中十分后悔，但人死不能复生，只好下令予以厚葬。赤壁之战结束后，曹操败退，在这里留下了很多营房。周围村民也开始依台筑屋，并将这个位置称为曹庄。所以曹庄因曹操而得名。

与曹庄鼓角相闻，沌口岗前面的沌南洲，是长江北岸一块巨大的

退水洲，曾经也是曹军操练兵马的校场。沌南洲堤陡坡淤，彼时千乘马匹饮水困难。于是，曹操命部下在洲头开挖了两口长方形的饮马槽。即至今日，两口巨大的马槽依然完整地横卧在沌南洲。

若以成败论英雄，只得空留叹息一声。战火远去，仅留下这些历史褶皱，供人凭吊怀念。曹庄之于沌口人，正是如此。那些三国时期的英雄们，因曹庄村的存在，无时无刻不活在人们心中。

武汉经济技术开发区沌口街精神文明办公室文化体育服务中心组编：《沌水——沌口故事集》，内部资料，2018年，第37—39页。

异文：曹庄墩

在武汉经开区沌口街道，有一个叫曹庄墩的湾子。这湾子自古以来就没有姓曹的。没有姓曹的又为什么叫曹庄墩呢？这还得从三国时期说起。

三国时期，曹操带领十万精兵良将攻打荆州，往这一带路过。那时，经开区啊，这一整片都是一望无际、密不透风的芦苇丛，没有人烟。那芦苇丛又深又厚又密，深得三人搭一手，厚得面对面也瞄不到人。兵马进入芦苇丛，每前进一步都很艰难。行军在即，曹操号令全体将士边开路边行军，一定要在天黑以前走出芦苇丛。谁知从早到晚走，走了一整天还在芦苇丛里面打转转。曹操没有办法，只得就近安营扎寨。

第二天，不等天亮曹操就整装出发，又走了半天，一看，啊，搞半天是迷失了方向！七弯八拐，又回到了昨天扎营的位置。曹操想："照这样行军，十天十夜也走不出芦苇丛。"

也是天无绝人之路，曹操是个蛮有思想、有头脑的人。他就想出了一个法子。他命令全军将士人人动手，一个人挖一堆土，就在芦苇丛里面堆起一个比芦苇还要高的土墩子，这样就便于自己站在土堆上面观察周围的地形和方向。他站在土墩子上，指挥全军将士按照他讲的那个方向赶紧行军。就这样，曹军不到天黑就穿越了芦苇丛。

后来，这片芦苇丛消失了，一些人开始在土墩周围建房、种地、捕鱼，过上了安稳的生活。因为这座土墩是曹军堆起来的，所以村子就被命名为曹庄墩。虽然曹庄墩的村民都是后面搬迁进来的，没有一个姓曹的，但传说却被流传了下来。

讲述者：张长生

出生年份：1960年

民族：汉族

文化程度：大专

职业：教师　个体户

记录地点：湖北省武汉市汉南区薇湖路社区

记录者：郭子奇

整理者：胡小可

记录日期：2024年4月13日

赵子矶

赵子矶　来源：刘福华摄

赵子矶是位于沿河村和通顺河之间的一块石矶。相传，三国时期蜀国五虎上将之一的赵子龙曾经来过这里，并且和魏国的大将司马懿在这里打过仗。当时，赵子龙率领蜀国军队来到了赵子矶这片土地上，意欲阻止魏国军队的前进。而正是在这里，两军展开了一场决定胜负的激战。战斗持续了数个时辰，双方你来我往，殊死搏斗。但最终，赵子龙以其英勇和智谋，成功地击败了司马懿率领的魏军，取得了战斗的胜利。司马懿只能带领残余的部队败退而去，留下了战场上的惨烈景象。为了永远纪念赵子龙在此地的英勇事迹，我们当地民众便以他的名字命名了这块石矶为赵子矶。这个名字成为这片土地上一道独特的标志，见证着赵子龙的英雄气概和他留下的不朽传奇。

讲述者：王庆洪（沿河村）
记录者：任　正　马振钊　郭子奇　张恩荣　胡小可
记录时间：2024 年 2 月 27 日
记录地点：湖北省武汉经开区凤凰苑社区

鲁公山

　　武汉市蔡甸区侏儒街有座山叫鲁公山，这座山在三国时期曾是吴军骑兵的大本营。

　　三国时期，孙权建都武昌，吩咐鲁肃一面派大将固守长江，一面选址屯兵。鲁肃就选择了侏儒山附近这座山。这里地势平坦，水草丰茂，山与河之间是一马平川，既可训练水兵，又可作骑兵的训练场地。

　　鲁肃选中这块好地方，便把大本营驻扎在山上，再把大军驻扎在下面的平川上，分上军营、下军营，两营互相连接，军马集中喂养在下军营南面。

鲁公山　来源：刘福华摄

　　因为这个大本营是鲁肃亲自选定的，所以人们习惯性地称此山为鲁公山。直到现在这个山还叫鲁公山，整个地方还叫军营村。

讲述者：张长生

出生年份：1960年

民族：汉族

文化程度：大专

职业：教师　个体户

记录地点：湖北省武汉市汉南区薇湖路社区

记录者：郭子奇

整理者：胡小可

记录日期：2024年5月7日

黄陵的腌鱼、鱼圆子的由来

在黄陵，腌鱼和鱼圆子是出了名的美味佳肴。传说很久以前，诸葛亮曾在这里打仗，发现了这里的腌鱼和鱼圆子极具便携性，适合作为军粮。当时，通顺河水势湍急，鱼比较丰富，这让诸葛亮看到了利用的可能性。

于是，聪明的诸葛亮命令伙夫将这些鱼制作成了鱼圆子，以便携带行军。鱼圆子由于是干制的，不仅便于保存，而且在长途行军中携带也十分方便。制作鱼圆子的工艺也颇为讲究，首先将鱼剁成细沫，再将沫子团成球状，这个独特的制作工艺至今仍然流传。我们军山的老百姓平时都会腌鱼，但还是以冬至这天为多。因此，冬至成为当地人腌鱼的繁忙日子，也是一年中腌鱼最多的时候。冬至这一传统节日不仅是家家户户腌鱼的日子，更是人们团聚和共享美食的时刻。家家户户都会忙碌地准备腌鱼的材料和器具，共同参与制作的过程，传承着这一美食的制作工艺和文化意义。

讲述者：刘传禹（凤山村）

记录者：任正　马振钊　郭子奇　张恩荣　胡小可

记录时间：2024年1月29日

记录地点：湖北省武汉经开区凤凰苑社区

下编

资料辑录

"借东风、定军山"和赤壁之战有没有关联？专家实地考察后给出了说法

武汉经开区"借东风、定军山，二次创业再出发"。"借东风、定军山"和1800多年前的赤壁之战有无关联？

2022年3月19日，来自华中科技大学、武汉大学、湖北大学和武汉市考古研究所的历史学教授、考古专家，踏访大军山、小军山、纱帽山，探寻"地籍里的三国故事"，考证军山新城与三国文化的历史渊源。

专家考证军山新城与三国文化的历史渊源　来源：武汉经开区融媒体中心

军山与三国，不仅仅有民间传说

武汉经开区面积接近500平方公里，有大军山、小军山、设法山等地名和擂鼓墩、诸葛城等文化遗址，与三国时期的赤壁之战产生关联，有关赤壁之战的三国故事广为流传。

大、小军山与赤壁之战，在《水经注》《三国志》等史料中也有记载。

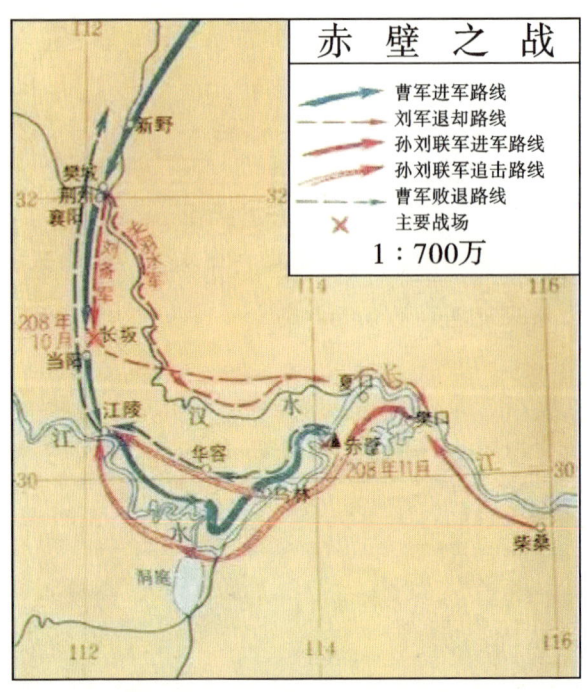

赤壁之战曹、孙刘军队行动方向图
来源：武汉经开区融媒体中心

郦道元《水经注》卷三十五《江水》载："江水左径百人山南，右径赤壁山北，昔周瑜与黄盖诈魏武大军处所也。"在《水经注》中，郦道元详细描述了大军山、小军山所处的地理方位，并批注："西百人山在汉阳县南八十里；大军山，汉阳县南六十里；小军山，（汉阳）县南五十里。"

明嘉靖年间《汉阳府志》亦记载："（三国时）吴、魏相战，陈兵两山之间，故以大、小军山名。"

《辞海》中说："赤壁，①山名。（1）东汉建安十三年（208年）孙权与刘备联军败曹操军于此。即今湖北武汉市赤矶山，与纱帽山隔江相对。"经过现场考察，梳理、查证《水经注》《荆州志》等历史文献，结合地理定位，专家学者们认为，军山新城所处的区域可以认定为三国时期赤壁之战的古战场之一。

专家建议：开展文物普查和专题研究，丰富三国历史文化内涵

"借东风、定军山，这个战略定位很高、很形象。"武汉大学历史学院教授、博士生导师王然介绍，赤壁之战，就是在现今的湖北境内进行的，在历史和考古学界没有争议。三国时期是武汉崛起的重要阶段，赤壁之战作为历史上在长江流域进行的一次大规模江河作战，对后世影响深远。他认为，赤壁之战的战场广阔，包括今天的洪湖新滩到江夏、汉南的长江沿线，"军山、汉南，都涵盖在赤壁之战古战场的范围之内"。

"作为三国时期的重要舞台，武汉市内有大量三国文化遗存，卓刀泉、武胜路等很多地名都与三国故事有关。"湖北大学历史文化学院教授、博士生导师曾育荣认为，经开区军山区域和汉南区域的地形地貌具备军事战略要地条件，文献记载、地名和广为流传的民间传说故事，也指向了赤壁之战，建议及早开发、挖掘三国历史文化。

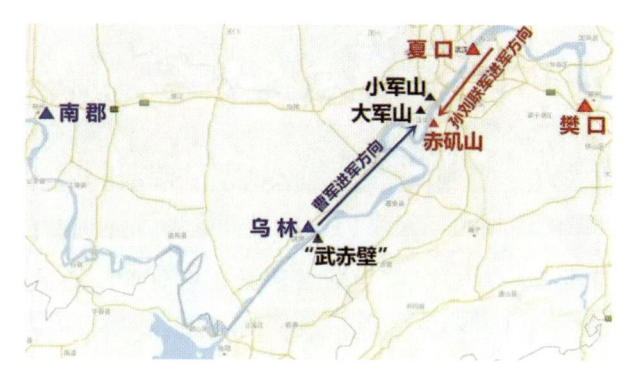

曹军、孙刘联军进军方向图
来源：武汉经开区融媒体中心

武汉市考古研究所曾在沌口、龙灵山等地进行过考古发掘，发现了从新石器时代到商周再到战国时期的文化遗存，出土了石器、陶器和战国时代形态完整的青铜器等珍贵文物。

"从考古发现的文化遗存和出土文物来看，武汉经开区所辖区域历

史文化底蕴深厚。"武汉市考古研究所所长李永康建议，通过考古发掘和文化普查，在摸清经开区的历史文化家底的同时，通过考古发掘出土的文物，为文献资料提供实物支撑，更充分地丰富军山新城区域的历史文化内涵。

"经过梳理文献资料，结合对地形地貌的实地考察和地理定位，可以认定经开区域是赤壁之战的古战场之一。"华中科技大学马克思主义学院历史学教授、博士生导师夏增民，早年曾专门研究三国历史文化，查阅和积累了大量历史文献资料。

他建议，要进一步搜集梳理历史文献，特别是唐宋以来的地理志、地方志，结合文物考古发现和文献资料，丰富并提炼武汉经开区三国历史文化的内涵和精神脉络，为武汉经开区建设车谷副城、军山新城建设车谷副城核心区夯实历史文化底蕴。

军山纱帽山　来源：武汉经开区融媒体中心

"赤壁之战，是以弱胜强的典型战例，而其背后，是孙刘联军以智取胜。"在"地籍里的三国故事"座谈会上，与会专家、教授认为，军山新城打造"双智之城"，与三国文化中的智慧文化相契合，可以考虑以"智慧文化"为主题，讲好军山的三国故事，在建设中保护和传承历史文化遗产，吸引更多"聪明的人"到武汉经开区、军山新城造"聪明的车"，建"聪明的城"。

记者：李金友　彭　宇

摄影：许清鑫

武汉经开区融媒体中心供稿，资料发布时间：2022-03-20。

赤壁之战与武汉军山有关？知名专家：是战场之一！

武汉经开区面积接近 500 平方公里，仅军山区域就有大军山、小军山、设法山等地名，还有擂鼓墩、诸葛城等文化遗迹，有关赤壁之战的三国故事也在民间广为流传。

赤壁之战及其浓缩的三国文化，与"借东风、定军山，二次创业再出发"的武汉经开区有无关联？

2022 年 5 月 29 日，初夏时节，熊召政、徐二明、王茂亮、夏增民、祁金刚等国内知名专家学者和嘉宾前往武汉经开区，登山顶、渡长江，专题调研大军山与三国文化，探寻军山与三国文化的历史渊源。

在现场察看山川形态，梳理、查证《水经注》《荆州志》等史料典籍后，专家们认为，赤壁之战影响深远，战场范围广阔，军山新城所处区域可以认定为这场大战的古战场之一。

鸟瞰军山新城
来源：武汉经开区融媒体中心

东汉建安十三年（208 年）冬，发生在长江中游的赤壁之战，改变了历史的走向，初步奠定魏、蜀、吴三足鼎立的局面。

在赤壁大战之后 200 多年，南北朝时期刘宋人盛弘之在其所著的地理专著《荆州记》中写道："蒲圻县沿江一百里，南岸名赤壁，周瑜、黄盖

(于)此乘大舰,上破魏武兵于乌林。乌林、赤壁,其东西一百六十里。"

北魏郦道元所著《水经注》,是中国古代最全面、最系统的综合性地理著作。《水经注》中记载了赤壁之战时的山川地貌:"江水左径百人山南,右径赤壁山北,昔周瑜与黄盖诈魏武大军处所也。""西百人山在汉阳县南八十里;大军山,汉阳县南六十里;小军山,(汉阳)县南五十里。"

《辞海》在对"赤壁"这一词条的解释中说:"赤壁,①山名。(1)东汉建安十三年(208年)孙权与刘备联军败曹操军于此。即今湖北武汉市赤矶山,与纱帽山隔江相对。"①

知名专家专题调研
来源:武汉经开区融媒体中心

经过实地考察,综合分析史料典籍记载,第十三届全国政协委员、湖北省文联名誉主席熊召政(第六届茅盾文学奖获得者)、中国人民大学教授、中国企业管理研究会副会长徐二明,华中科技大学马克思主义学院历史学教授夏增民等专家认为,赤壁之战应是一场战场范围极其广阔的战役,从洪湖乌林(曹军水师大营所处之地,对岸为今咸宁赤壁市)到江夏、汉南的长江沿线近两百里的区域都应是赤壁之战的古战场,"发生在乌林、蒲圻江面的'火烧赤壁',是整个赤壁之战中的关键一战"。

长期从事江夏区域文物考古研究的中国文物学会会员祁金刚认为,赤壁山应为今天江夏区金口的赤矶山,百人山就是今天武汉经开区军

---

① 陈至立:《辞海(第七版)》彩图本,上海辞书出版社,2020年版,第562页。

山区域的纱帽山，大军山、小军山则分别对应今天军山区域的大军山、小军山。

通过分析赤壁之战的军事态势，专家们还认为，大军山、小军山应是曹魏大军或孙刘联军其中一方的驻地，纱帽山（《水经注》中的百人山）应为孙刘联军驻地，吴将黄盖由此出发前往曹营诈降。

探寻军山与三国文化的历史渊源
来源：武汉经开区融媒体中心

"做响三国文化品牌，做大三国文化产业，必将促进军山新城的崛起与繁荣。"中国世纪文旅董事长、总裁王茂亮认为，武汉经开区二次创业再出发，应创造性地运用多种手段，讲好三国故事，让三国文化在中国车谷火起来、活起来，在提升军山新城区域价值、美誉度的同时，传承中国文化、讲好中国文化国际传播的生动故事。

三国文化中的政治智慧、军事智慧、人生智慧是三国历史留给后世的珍贵文化遗产。"赤壁之战是以弱胜强的典型战例，是孙刘联军以智取胜。"在专题调研座谈中，专家们认为，武汉经开区二次创业再出发，以军山新城为战略支点打造"双智之城"，与三国文化中的智慧文化不谋而合，可以考虑以"智慧文化"为主题，讲好军山的三国故事，在建设中保护和传承历史文化遗产，吸引更多"聪明的人"到武汉经开区、军山新城造"智能的车"，建"智慧的城"。

记者：孙泽宇

通讯员：李金友　李岩

武汉经开区融媒体中心供稿，资料来源：极目新闻，2022-05-30。

从"东风大道时代"走向"沿江发展时代" 武汉军山新城"破圈生长"

"继10月份征集四大公共服务设施概念方案之后，再次向全球发出邀约，征集大军山公园、长江岸线生态修复及环境提升项目概念方案。"2023年12月8日，武汉经开区军山新城负责人透露。

一年之前，武汉经开区管委会从沌口迁至军山，"造车、造谷、造城"，一座宜居宜业的现代化新城在武汉之南、长江左岸拔节生长，武汉经开区二次创业再出发，从"东风大道时代"走向"沿江发展时代"。

本月，企业总部落户军山新城的岚图汽车定下小目标，月销量突破一万辆。"这里，不仅是'魅力军山''科创军山''双智军山''国际军山'，更是有温度、有速度的军山。"岚图汽车CEO卢放说。

从陌生到热爱
极具历史底蕴的"魅力军山"

著名导演、摄影家徐海滨自2020年始，与团队持续拍摄军山新城1000多天。"从陌生到热爱，我想成为军山新城的一分子，推介这个极具魅力的'未来之城'。"徐海滨感慨。

面积121平方公里的军山新城，大军山、小军山、龙灵山等13座山峰绵延起伏，通顺河、川江池、状元湖等14个湖泊镶嵌其中，"半城山色半城湖"造就了这座崛起中的生态宜居新城。

海拔197米的大军山壁立长江左岸，是长江中游的天然高地之一，历史上是兵家必争之地。明嘉靖年间《汉阳府志》记载："（三国时）

吴、魏相战,陈兵两山之间,故以大、小军山名。"

郦道元《水经注》卷三十五《江水》载:"江水左径百人山南,右径赤壁山北,昔周瑜与黄盖诈魏武大军处所也。"

去年3月,来自华中科技大学、武汉大学、湖北大学和武

军山新城新地标"春笋"
来源:武汉经开区融媒体中心

汉市考古研究所的历史学教授、考古专家,踏访大军山、小军山,探寻"地籍里的三国故事",考证军山新城与三国文化的历史渊源。

专家学者们经过梳理、查证《水经注》等历史文献,结合地理定位,认为军山新城所处的区域可以认定为三国时期赤壁之战的古战场之一。

著有《张居正》《大金王朝》的著名作家熊召政曾登顶大军山,探寻军山与三国文化的历史渊源。他说:"过去有三国时代的豪杰,在这里演绎了战争的史诗,今天这里的武汉经开人,正在谱写这片土地崭新的时代史诗。"

从书本到货架
创新要素加速聚集的"科创军山"

12月2日,武汉经开区未来技术创新研究院中试基地"迎新",华中科技大学郭新教授团队历经十余年技术攻关,所主导的固态锂/

华中科技大学郭新教授团队
研发的新型固态锂离子电池
来源：武汉经开区融媒体中心

钠离子电池关键技术及产业化中试产线点火。

中试平台，一头连着创新，一头连着产业，是推动更多科技成果从书本走向货架的关键一环。

在军山新城，武汉经开区与高校、科研院所、企业携手，建设高水平中试平台，推进产业链和创新链深度融合，冲刺从实验室到产业化的"最后一公里"。

与未来技术创新研究院毗邻，武汉中科先进技术研究院军山中试基地已建设5条中试生产线，设有新能源材料检测与性能评价中心，可为中小企业、高校、研究院所提供新能源领域的全周期服务。

今年3月，工信部公布第5批产业技术基础公共服务平台名单，首次新增创新成果转化类平台，武汉中科先进技术研究院成为全省唯一一家入选单位。武汉中科先进技术研究院党支部书记、副院长李尚镕说："作为中国科学院在汉成立的第一家企业法人新型研发机构，将助力武汉经开区打造新材料产业集群。"

据悉，武汉经开区与华中科技大学共建的未来技术创新研究院，将遴选华中科技大学20个科技成果转化项目入驻搭建产线，喻家山、大军山携手发力中试、熟化。

在5个月前举行的军山新城推介会上，华中科技大学党委常委、副校长解孝林作为军山"新居民"代言人，说道："武汉经开区先后出台'科创33条''人才10条''知识产权8条'等系列政策，营造了良好的人才创新生态环境，资金、技术、人才等创新要素正在加速向军山新城聚集。"

从承载到示范
智慧城市与智能汽车联动发展的"双智军山"

12月7日,在海口举办的第五届世界新能源汽车大会上,全国智能网联汽车测试示范区能力评估结果公布,位于军山新城的国家智能网联汽车(武汉)测试示范区在全部两项能力评估中,均位列全国前三。

时下,军山新城承载工信部国家智能网联汽车(武汉)测试示范区(以下简称"武汉示范区"),商务部新能源汽车全产业链发展示范区,住建部智能网联与智慧城市协同发展试点,交通部交通强国建设试点任务,发改委与市场监管总局国家检验检测高技术服务业集聚区等5大国家创新使命,让"聪明的车"在"智慧的城"全力奔驰。

截至目前,东风悦享在军山新城投入44辆无人驾驶巴士,开通9条自动驾驶公交路线,开展全天候常态化运营;百度"萝卜快跑"无人车队突破百辆,为近150万人提供无人自动驾驶出行服务。

今年年初,在2023中国电动汽车百人会第三届"双智"论坛上,武汉作为全国三个代表城市之一发言,军山新城负责人向200余名国内汽车、交通、城市规划、通信等领域专家分享了"双智"协同发展的"武汉方案"。

"'双智'产业即将进入3.0时代。"中国电动汽车百人会副理事长兼秘书长、首席专家张永伟认为,作为武汉"双智"协同发展的主要承载区域,军山新城拓展"双智"应用领域,建设车、城共建数据底座,构建符合城市特色的配套完备的车路城协同产业生态,夯实"双智"3.0发展坚实基础。

从开发到开放
外籍人士密集的"国际军山"

华中科技大学军山校区效果图
来源：武汉经开区融媒体中心

12月2日，爱莎国际教育集团拔尖创新人才培养中心（武汉）揭牌。作为华中地区投资规模最大的国际教育项目，武汉爱莎国际学校今年已是第二个开学季。

Julie是武汉爱莎文华学校的外籍教师，今年不仅是她来汉的第5个年头，而且她也成了武汉媳妇。到军山新城任教以来，这里的国际化城市规划和美丽的自然环境令她着迷。"在军山新城，我看到了生态城市的样子。"她说，"相信在不久的将来，军山新城将成为一个繁荣的国际社区。"

相隔不远处，华中科技大学军山校区、武汉理工大学"三院"建设如火如荼，千余名建设者加班加点抢进度，确保如期完工。明年9月，两所高校将正式开学，并迎来首批师生。其中，国家卓越工程师学院、生命科学与医疗卫生学部等院系的九个交叉学科将迁入华中科技大学军山校区。

据介绍，两所新大学投入使用后，将面向全球着力引进、培养、集聚一批战略科学家、学科领军人才和高层次青年学术骨干，推进产业链、创新链和人才培养链融合发展。

作为国家级开发区,武汉经开区集聚了超过 80 个世界 500 强企业项目,是湖北省外籍人士最多、外资企业最密集的区域之一。过去一年,武汉经开区实际利用外资 23.3 亿美元,规模居武汉市前列。

在今年 7 月举行的城市推介会上,军山新城诚邀全球精英担当"新城合伙人"。

军山新城负责人表示,将坚持走开发开放之路,加快打造"魅力之城""科创之城""双智之城""国际之城",期盼全球行业精英来这里投资兴业、共创未来。

撰文:邓志鹏　孙亚云
责编:肖璐欣　张　隽
武汉经开区融媒体中心供稿,资料来源:人民网,2023 年 12 月 11 日。

附录
《古镇传奇——军山街民间故事传说集》序[①]

刘守华

这本《古镇传奇——军山街民间故事传说集》（后简称《古镇传奇》）是武汉市经济技术开发区军山街的民间故事传说专辑。军山街这个地名对许多人可能还有些陌生，如果提起这个小镇的昔日大名黄陵矶，熟悉它的人就很多了。它虽然坐落在大武汉市区边沿，却处于汉水和长江交合之处，境内的大、小军山镶嵌于江河湖泊纵横交织之间，素以山川秀美、人杰地灵著称，从三国时期的群雄争斗到抗日战争时期的武汉会战，一幕接一幕的威武壮烈史剧，都曾在这古镇的历史屏幕上留下五彩缤纷的印记。我是沔阳（仙桃）人，流经黄陵矶的那条通顺河就从我家门前流过，因而从小听熟了黄陵矶这个地名，对黄陵矶流行的故事传说也就倍感亲切了。

这部《古镇传奇》所收录的以饱含历史风云的传说故事居多，这里曾是三国大战场，在《诸葛城》《擂鼓墩与祭风台》《棋盘岭》《观阵岭》《顿枪湖》等篇中，从解说相关地名的来历追述了三国时期的激烈战况，扫描了诸葛亮、赵子龙等众多历史人物的身影。《得胜岗与瓦塆》《河水西流又向东》则留下了人们对朱元璋和陈友谅起兵抗元、水上鏖战争夺皇位的难得记忆。

书中更富有吸引力的是关于当地土生土长的历史人物传奇事迹的

[①] 本序原载武汉经济技术开发区军山街文化体育服务中心组编：《古镇传奇——军山街民间故事传说集》，武汉：华中师范大学出版社，2016年版；而此处所附，则录自刘守华：《刘守华故事学文集》第十卷，武汉：华中师范大学出版社，2022年版，第547—550页。

叙说，如皇后、黄妃传说，宋代抗金名将李道的传说，明代吴阁老和清代两广总督叶名琛的传说等。宋光宗的皇后李凤娘为抗金名将李道之女，性格强悍，曾被史家称为"悍后"，家乡对其事迹叙说不多。至于另一位被纳为妃子的黄妃，本受宠于一位皇帝，后来却蒙受冤案被贬回家乡，被贬缘由据说是她在宫中吃藜蒿这种家乡野菜遭到误解。几年后那位皇帝自己来湖北巡游，再次品尝黄妃做的肉丝炒藜蒿，知道它原是湖北江汉平原的一道美味佳肴，才给她平反昭雪，并在其死后为之建陵墓于家乡。从此这里就以"皇陵矶""黄陵矶"为地名了。关于黄妃的故事还讲到，武汉市列入国家名录的"高龙"民俗艺术，据说也是她从京城里带来，由她亲手扎制而留传后世的。正如一首诗所称道的："口衔齿举露峥嵘，疑似金麟耀夜空。黄妃绝技传故里，元夜热门送高龙。"这些叙说的真实性还有待考证，但故事中洋溢的浓郁乡情却感人至深。

在众多历史人物传说中，以关于明清时期的一系列高官显宦的叙说最为精彩动人，如明代的吴阁老和四萧（萧良友、萧良誉、萧鸣甲、萧丁泰），清代的汪以淳、汪荣春、萧芝、窦宗惠、胡东谷、周秉礼、叶名琛等，他们多以清正廉洁而且造福乡里扬名于世，成为家乡的骄傲和士人的楷模。这些人仕途终结后即叶落归根回乡定居，继续奉献于家乡建设，跻身"乡贤"行列。他们的言行，至今依然是我们进行社会主义现代化建设的宝贵文化资源。

在这些名人传说中，关于两广总督叶名琛的叙说引起了我的特别关注。他在第二次鸦片战争英法联军攻陷广州时被俘，随后又被送往印度加尔各答囚禁而死（一说是绝食而死）。清人薛福成在笔记小说中曾讥刺他在强敌入侵时奉行的"六不主义"，即"不战不和不守，不死不降不走"，使其声名受损。本书据家乡父老留存记忆，称他为"民族强人"，讲述他不到40岁即任广东巡抚，随后又任两广总督。他实际上一直对列强采取强硬态度，第二次鸦片战争初期，也曾以小胜压制英军的嚣张气焰，但腐败的清王朝却命他不要"轻启战端"，加之有内奸通敌，才招致城陷被俘，惨死异国。

在武汉市采录的民间传说中，还讲到野蛮的英军曾将被俘的叶名琛部下百般虐待，使其吞吃哑药后变成"人熊"在街头被耍弄。他们见了中国人就眼泪汪汪，却不能开口讲话。

对于这段饱受屈辱的历史和有争议的人物，白寿彝主编的《中国通史》第11卷有简要而中肯的评述。书中写道：

> 叶名琛忠实执行清廷"息兵为要"的方针，不事战守。十三日（28日），英法联军进攻广州城。都统来存、千总邓安邦等率兵顽强抵御，次日失守。叶名琛被俘，被解往印度加尔各答，咸丰九年（1859年）病死于囚所。

将第二次鸦片战争的失败完全归咎于叶名琛个人显然是舆论的偏颇，其家乡父老在追忆往事时同情他为国捐躯，称道他的爱国立场与民族气节。这些历史传说，在历经百年沧桑巨变、已经在地球村扬眉吐气的当代中国人读来，不能不心潮激荡，生出无限感慨。

这里还想补写一笔，武汉市的叶开泰，就是叶名琛家族所创办并传承至今的中国著名四大中药店之一。它不仅药材地道，信誉好，还施药救人，医德高尚。药店将叶名琛对英国侵略者的深仇大恨和对祖国富强的热切期望作为店风店规一直传承至今。因而叶开泰这个中药业的老字号深受社会关注，近年被列入武汉市非物质文化遗产保护名录之中。这样，本书来自叶名琛家乡的故事传说也就显得更有价值了。

本书采录编写的约150篇故事传说大体组合为神话传说，皇后、黄妃风范，战争风云，名人轶事，古镇沧桑等几个系列，它们既有着从大禹治水、三国争斗到抗日烽火、解放战争的历史纵向叙说，也有从秀丽山水、物产民俗到风土人情、世道变迁的横向扫描，可以说提供了一部关于黄陵矶纵横交织的小百科全书，不能不使读者深受吸引。

这里须加说明的是，本书虽标明为"民间故事传说集"，却并非按照《中国民间故事集成》那样的统一规范编成的民间口头文学作品选集。那样的书是每篇故事都要注明口述人、采录人及流传地区等资料，将忠实于口述时的原生态，包括它的口语风格等作为写定文本之依据的，因而具有民间文艺学的科学研究价值。本书的素材虽主要来自民众口头传承，却并未严格按这一规范来写定，而是以较为灵活、生动的散文笔法将这些素材撰写成篇。它将民间故事传说和地方史志两种文体的写作特色相融合，在对地方历史地理、风土人情的叙说中，融进民间口头文学的鲜活生动趣味，构成雅俗共赏的鲜明特色。以《古镇传奇》作为书名是实至名归、富有雅俗共赏之魅力与价值的。我就是深受吸引的首位读者，谨以这篇序文作为它的开篇小引。

2016年清明节于华中师大桂子山校园

（刘守华，1935年出生，华中师范大学文学院教授、博士研究生导师，湖北省民间文艺家协会名誉主席，湖北省炎黄文化研究会顾问。）

主要参考文献

[1] 陈寿. 三国志 [M]. 裴松之, 注. 北京：中华书局, 1959.

[2] 郦道元. 水经注 [M]. 陈桥驿, 注释. 杭州：浙江古籍出版社, 2013.

[3] 班固. 汉书 [M]. 颜师古, 注. 北京：中华书局, 1962.

[4] 杜佑. 通典 [M]. 王文锦, 等点校. 北京：中华书局, 1988.

[5] 李吉甫. 元和郡县图志 [M]. 贺次君, 点校. 北京：中华书局, 1983.

[6] 房玄龄, 等. 晋书 [M]. 北京：中华书局, 1974.

[7] 司马光. 资治通鉴 [M]. 胡三省, 音注. 北京：中华书局, 1956.

[8] 乐史. 太平寰宇记 [M]. 王文楚, 等点校. 北京：中华书局, 2007.

[9] 王象之. 舆地纪胜 [M]. 赵一生, 点校. 杭州：浙江古籍出版社, 2012.

[10] 祝穆撰, 祝洙增订. 方舆胜览 [M]. 施和金, 点校. 北京：中华书局, 2003.

[11] 赵彦卫. 云麓漫钞 [M]. 傅根清, 点校. 北京：中华书局, 1996.

[12] 李贤, 等. 大明一统志 [M]. 西安：三秦出版社, 1990.

[13] 刘汝松, 贾应春, 朱衣纂. 嘉靖汉阳府志 [M]. 上海：上海古籍书店, 1963.

[14] 罗贯中. 三国演义 [M]. 北京：人民文学出版社, 1973.

[15] 王谟. 汉唐地理书钞 [M]. 北京：中华书局, 1961.

［16］顾祖禹. 读史方舆纪要［M］. 贺次君，施和金，点校. 北京：中华书局，2005.

［17］杨守敬. 杨守敬集［M］. 武汉：湖北人民出版社，湖北教育出版社，1997.

［18］陶士楔，刘湘煃. 乾隆汉阳府志［M］. 南京：江苏古籍出版社，2001.

［19］徐国相，王新命，等. 康熙湖广通志［M］. 武汉：崇文书局，2018.

［20］王柏心. 同治汉阳县志［M］. 南京：江苏古籍出版社，2001.

［21］洪良品. 光绪黄冈县志［M］. 南京：江苏古籍出版社，2001.

［22］穆彰阿，等. 嘉庆重修一统志［M］. 上海：上海书店，1984.

［23］宋杰. 三国兵争要地与攻守战略研究［M］. 北京：中华书局，2019.

［24］郭沫若. 中国史稿地图集 上册［M］. 2版. 北京：中国地图出版社，1996.

［25］郭沫若. 中国史稿地图集 下册［M］. 北京：中国地图出版社，1990.

［26］谭其骧. 中国历史地图集［M］. 北京：中国地图出版社，1996.

［27］刘盛佳. 商都武汉［M］. 武汉：华中师范大学出版社，2012.

［28］丁毅华. 湖北通史：秦汉卷［M］. 武汉：华中师范大学出版社，1999.

［29］夏日新. 汉江文化史：魏晋卷［M］. 北京：人民出版社，2023.

后记

　　武汉经济技术开发区有着丰富的三国历史文化资源，大军山、小军山、设法山、尸骨墩、祭风台、擂鼓墩、诸葛城等与三国历史相关的文化遗址广泛分布，三国传说故事在民间广为流传。2022年3月，武汉经开区组织有关专家对军山区域内的三国遗址进行了考察论证，初步断定军山区域为三国时期赤壁之战的古战场之一。为深入研究军山三国文化，打造武汉经开区三国文化品牌，弘扬三国文化精神，以文化引领地方经济社会发展，2023年10月，武汉经开区委托华中师范大学国家文化产业研究中心开展武汉军山三国文化研究。

　　本项目由华中师范大学国家文化产业研究中心主任、文化和旅游部文化和旅游研究基地首席专家黄永林教授负责。项目组主要开展了两方面工作：一是对武汉经开区发展历史及其与三国文化关系的研究。主要研究这一地区从汉阳鱼到汉阳人，从原始聚落到经济技术开发区的人类社会发展历史，从三国时代的却月城、鲁山城、夏口城发展为现代武汉三镇的城市发展历史；考证并论述了文献记载、文化遗迹中的军山三国历史与三国赤壁古战场的关系，分析了《三国志》《三国演义》及现代相关影视作品对军山三国民间故事形成的影响；另外，还深入分析了三国文化的内涵和特色，以及武汉军山三国文化开发的价值与途径。这些研究对军山文化事业和文化产业的发展具有一定的借鉴意义。二是开展武汉经开区民间三国故事的搜集整理工作。课题组多次深入武汉经开区各镇、街道的普通百姓家对传承的三国故事进行田野调查，在广泛搜集的基础上，确立重点传承人，并逐一进行深入访问采录，共记录下相关故事200多篇，重点整理选录77篇，其中包括17篇异文（同一类型故事的不同讲法）。本次武汉经开区三国民间故事田野作业，严格按照民间文学科学搜集整理和写定要求，以录音和摄像的方式采录故事，按照"忠实记录，慎重整理"的原则，在忠于原讲述的思想内容，忠于原有的艺术形式，忠于原讲唱者的语言风格的基础上，对部分文字作适当处理。本书选录的是军山地区部分三国风物传说，即与军山地区三国文化遗迹、风俗习惯相关的故事。这次对军山三国故事的广泛搜集，有效地抢救和保护了军山地区三国文化，为军山三国文化的传承弘扬和开发利用奠定了坚实基础。

《武汉军山三国文化》集中展现了这次研究的成果。上编历史溯源，为军山历史及三国文化研究；中编故事选粹，为军山三国民间故事精选；下编资料辑录，为军山三国文化研究资料。上编主要由黄永林执笔，中编主要由郭子奇、张恩荣、任正、马振钊、胡小可、郑超、张欣怡、邓清源、李媛媛、王豫丰等负责搜集整理，下编相关资料主要由武汉经开区宣传文化部门提供。在整个项目的调查和研究以及《武汉军山三国文化》编辑出版过程中，在政治上，始终坚持党的文化方针政策，意识形态立场坚定，积极宣传社会主义核心价值观，弘扬中华优秀传统文化，传承和发扬革命文化，致力于推动社会主义文化繁荣发展；在文化内容上，全面系统地挖掘整理研究武汉军山三国文化，坚持实事求是，既有学术性，又有思想性、艺术性，资料真实可靠，具有独特的文化艺术价值；在作品知识产权上，能遵守学术规范和道德准则，符合知识产权保护要求，凡书中所引用他人的观点和资料都尽可能注明出处。

在开展调查和研究过程中，项目组得到了武汉经开区工委和管委会、工委宣传部、文化和旅游局、文化馆、军山新城管理办公室、军山街道办事处等各级领导的大力指导和帮助；区工委委员、宣传部部长张燕萍，区文旅局党组书记、局长陈襄，区文旅局副局长鲍丽君、江齐志等领导多次参加课题研讨会，为课题研究提出指导性意见和要求；武汉市文化和旅游局非遗处原处长、一级调研员王建军先生，武汉经开区文化馆馆长杨成云先生，以及李正华、王宝君、欧阳焘、朱传友、方建华、张长生等一大批专家、故事讲述人和文化工作者给予了大力支持；武汉经开区融媒体中心和刘福华先生提供了大量珍贵照片，在此一并表示衷心的感谢！著名历史学家、湖北省社科院原副院长刘玉堂教授，著名非遗专家、华中师范大学历史文化学院姚伟钧教授亲自审读书稿并提出宝贵修改意见；"中国文联终身成就民间文艺家"荣誉称号获得者、华中师范大学非物质文化遗产研究中心主任刘守华先生，湖北省曲协副主席、武汉市文联副主席何祚欢先生，武汉研究院院长、城市研究中心主任涂文学先生等一批全国著名专家学者对课题的研究给予了专业上的指导；郭子奇和张恩荣两位研究生承担了大量日常事务管理工作；汪瑶、任正、余召臣、黄柳苍等参加了全书的修改和校对工作；华中师范大学出版社付义朝社长、原学术出版中心冯会平主任、学术出版分社魏耀武社长、责任编辑张怀东对本书的出版给予了大力支持和付出了辛勤的劳动，在此也一并致以衷心的感谢！

  由于时间仓促、资料有限，书中难免存在疏漏和不足，敬请广大读者指正。

本书编委会

2024 年 8 月 8 日于桂子山